Editorial

Zum zehnten Mal wagen wir eine typografische Reise: diesmal in den Topos Hamburg. Die perfekte Stadt für die Jubiläumsausgabe. Perfekt, weil sie vielfältig ist wie kaum eine andere deutsche Stadt; weil sie weltoffen ist – tagtäglich fahren Typografien auf Containern und Schiffen in den Hamburger Hafen ein; weil sie geprägt ist von eindrucksvollen und aufregenden Fassaden ebenso wie von den Gestalter*innen, die sich in Hamburgs Stadtbild einschreiben.

Bevor wir den Blick in die typografische Welt Hamburgs werfen konnten, musste unsere Münchner Gruppe aber natürlich auch alle touristischen Klischees der Hansestadt genießen. Wir ließen uns auf einer Elbrundfahrt den Nordwind durch die Haare pusten, bestaunten die Architektur der »Elphie« und nach wilden Stunden »auf der Reeperbahn nachts um halb drei« genossen wir am nächsten Tag die besten Fischbrötchen der Welt bei der Brücke 10. Aber selbst oder gerade bei diesen Freuden konnten wir uns den typografischen Eindrücken Hamburgs nicht entziehen. Und unsere Neugier wurde belohnt! Denn wir durften Erfahrungen machen, die – so wage ich zu behaupten – wohl sogar manche Hamburger*innen nicht jeden Tag erleben. Wir sprachen mit Alex Heimkind vor seinem Wohnwagen unter einer S-Bahnbrücke im Schanzenviertel – bei sengender Hitze wurden uns tiefe Einblicke in das Dasein und eiskalte Limonade serviert. Dr. Jürgen Döring öffnete im Museum für Kunst und Gewerbe die Schubladen, in denen jahrzehntealte Plakat-Klassiker in den riesigen Schränken der Grafischen Sammlung ruhen. Ingo Offermanns erzählte über die Unterschiede der Hochschule für bildende Künste Hamburg zu anderen Akademien und Hochschulen Deutschlands und was Pfeffersäcke und der Papst wohl damit zu tun haben. Und bei Hamburger Gestalter*innen wie Jana Madle-Elmerhaus oder TwoPoints.Net konnten wir vom alltäglichen Design-Wahnsinn der Stadt erfahren. Der Blick auf die typografische Landschaft Hamburgs offenbart ein spannendes Porträt einer Stadt: Auf Containern, in Geburtsurkunden, in Büchern, auf Plakaten, in Museen, auf der Haut – Typo der Vergangenheit, zeitgenössische Gestaltung und Ideen der Zukunft. Vollkommen überwältigt von Hamburgs Vielfalt trinken wir auf jeden Fall erst einmal ein Astra.

Mit einem so dichten Programm vergeht unsere typografische Reise viel zu schnell. Wir alle sind dankbar, dass wir die gewonnen Eindrücke in diesem Heft vertiefen und wiederaufleben lassen können. Und es steht definitiv fest: Die nächste Reise nach Hamburg darf nicht lange auf sich warten lassen!

Ihre Anne Dreesbach

TEXT Charlotte Diedrich

Der Hüter d

Jürgen Döring und die hohe Kunst des Alltags

Plakate, Speisekarten, Musikhefte - Flachware, die im ersten Sinne von Nutzen sein soll. Printprodukte, die Informationen übermitteln: Daten, Fakten und alles, was im zweidimensionalen Raum dazwischen passt.

r Flachware

Ausstellungen im MKG zeigen die Vielfalt der Flachware.

Was hat all das im Museum für Kunst und Gewerbe zu suchen? Zum einen ist es die typografische und illustrative Gestaltung ebenjener Informationen. Zum anderen sind es die handwerklichen Aspekte, die die gestalteten Elemente zu einer festen Einheit zusammenfügen und diese reproduzierbar machen. Das Hamburger Museum für Kunst und Gewerbe hat sich geradezu darauf spezialisiert: Über 350.000 Blatt wurden in den letzten 150 Jahren angesammelt. Damit ist die Grafische Sammlung des MKGs eine der größten und bedeutendsten ihrer Art. Die ersten Blätter trug Justus Brinckmann, der Gründer des Museums, zusammen. Heute ist es Dr. Jürgen Döring, der die Sammlung jährlich um bis zu 2.000 Stück erweitert, pflegt und verwaltet.

Auf der Suche nach den typografischen i-Tüpfelchen der Stadt ist es also unabdingbar, dem MKG einen Besuch abzustatten. Dabei lässt sich aber weit mehr als nur ein Einblick in das letzte Jahrhundert Plakatkunst erhaschen. Es ist auch die internationale Bandbreite, mit der die Grafische Sammlung überzeugt.

Im Gespräch mit Dr. Döring wird zudem die Museums- und Sammelkultur in Deutschland sichtbar. Ein jeder Sammler hat seine spezielle Art des Kollektierens: so auch Gründungsdirektor Brinckmann, der sehr konzentriert und sturzwellenartig zu sammeln pflegte. Das gestaltete sich derart, dass er zum einen Zeitpunkt vollkommen auf Chromolithografien fokussiert war, im nächsten Moment aber nichts mehr davon wissen wollte und sein Auge bereits auf Pariser Grafik ruhte. Auf Neues einzugehen und bewusste Entscheidungen zu treffen, auch einmal unter ein Gebiet einen Schlussstrich zu ziehen, daran möchte sich auch Döring orientieren.

Auch Dreidimensionales ist im MKG zu finden: Die Kantine aus dem ehemaligen Gebäude des SPIEGEL-Verlagshauses steht unter Denkmalschutz und blieb als Zeitdokument erhalten.

Zudem bleiben bei den Sammelvorlieben private Umstände nicht ganz verborgen. Brinckmann etwa hatte im vorletzten Jahrhundert eine Geliebte in Paris - der Fokus auf französischen Plakatgestaltern scheint naheliegend. Auch unter Döring wird die Grafische Sammlung des MKGs durch seinen Standort geprägt: In Hamburg unterwegs verschlug es ihn auf die Flatstock Europe Poster Convention, auf die er im Zuge des Reeperbahn-Festivals zum ersten Mal stieß. Junge Gestalter*innen aus aller Welt entwerfen in Absprache mit ihren Lieblingsbands sogenannte Gig-Plakate, die dann auf Musik-Festivals verkauft werden. Döring lud junge Kunstschaffende schon wiederholt hinter die Kulissen des MKGs ein und nicht selten wanderte zu seiner Freude ein Plakat der Gestalter*innen in die Sammlung.

Neben Interessensgebieten privater und erfahrungsgeschulter Natur sind Fördermittel entscheidend - und sagen damit gleich viel über das Verständnis von Kunst und Kultur aus. Im Vergleich zu anderen deutschen Großstädten wie München ist das Budget für Kultur in Hamburg knapp - als Stadtstaat sind die Ressourcen begrenzt. Einen Erwerbungsetat gibt es nicht für die Grafische Sammlung, mithilfe zweier großzügiger Stiftungen ist es aber teilweise möglich, historische Sammlungsschwerpunkte zu ergänzen. Döring und seine Mitarbeiterin sind auf Praktikant*innen und ehrenamtliche Helfer*innen angewiesen. Schließlich muss die Sammlung jedes Jahr erweitert werden, denn *in die Vergangenheit sammeln kostet Geld*. Deshalb bleibt Döring immer am Zahn der Zeit und setzt sich für Trends ein, die für Laien wie Alltag aussehen. Nach über 30 Jahren Berufserfahrung weiß Döring aber: Auch wenn das Flachwerk seiner Sammlung nicht zu den Klassikern avanciert, so handelt es sich doch um wichtige zeithistorische Dokumente der Grafik.

Ein Einblick in die umfassende Plakatsammlung.

Neben all der organisatorischen Arbeit plant Döring die Ausstellungen, denn mit einer guten Sammlung ist es nicht getan, auch die Zielgruppe will bedacht werden. Das MKG hat es geschafft, vergleichsweise junges Publikum in seinen Hallen willkommen heißen zu dürfen. Dabei steht es nicht nur als Pflichtprogramm von Studiengruppen auf dem Tagesplan, es ist eben auch das niedrigschwellige Angebot an Ausstellungen, das immer wieder zahlreiche Menschen anzieht. So landete das MKG erst vor ein paar Jahren mit einer Sneaker-Ausstellung einen großen Erfolg. Grund dafür war mit Sicherheit, das Material zu öffnen. Denn neben den zweidimensionalen Medien überzeugte eine handfeste Auswahl an mehreren Hundert Sneakern die Besucher*innen.

Die Schwierigkeit, Finanzierungen für Sammlung und Ausstellungen zu finden, spiegelt die Vorstellung von Kunst wider: *Grafikdesign, das ist Alltag, das ist keine hohe Kunst* - so lautet die häufigste Rückmeldung von Sponsoren. Tatsächlich müsste diese Aussage doch viel eher lauten: *Grafikdesign, das ist Alltag, das ist hohe Kunst!*

Diese Auffassung vertritt auch Döring. So enthält die Sammlung reizvolle Rubriken. Neben Plakaten oder Speisekarten sind auch Notentitel eine davon. In der Zeit vor der Existenz von Schallplatten wurde Musik in Form von Notenblättern verkauft, die dann als Hausmusik nachgesungen oder nachgespielt wurde. Eine wichtige Aufgabe für Grafiker*innen des späten 18. bis frühen 19. Jahrhunderts war die Gestaltung der Titelseiten dieser Hefte. Mit der Popularität der Schallplatten verloren Notenblätter allerdings ihren gestalterischen Stellenwert.

Dass die Welt des Grafikdesigns unfassbar groß ist, bezeugt auch Dörings Sammlung von gestalteten Websites aus den 90ern. Denn auch, wenn davon die Rede ist, im Internet würde alles gespeichert: Lediglich die Texte überdauern die Zeit. Grafikdesign hingegen verschwindet. Döring sicherte mehrere Tausend Screenshots aus der Zeit vor dem Web 2.0 und erinnert sich an eine Suchmaschine, die ausschließlich auf schön gestaltete Websites zugriff. Der Ladevorgang der Seite, der vor über 20 Jahren viel Geduld erforderte, wurde für die Suchenden mit einem schön gestalteten Ladebalken abgekürzt.

Eine Schwierigkeit der digitalen Grafik ist die Speicherung: Zu anfällig sind digitale Dateien, zu viele Formatänderungen gab es in den letzten dreißig Jahren, als dass dies noch sinnvoll wäre. Die einzig überdauernde Art der Sicherung ist und bleibt der Ausdruck – doch hochwertiger Druck ist wiederum kostspielig.

Den umgekehrten Weg schlägt das MKG seit mehreren Jahren ein: Als eines der ersten Museen in Deutschland ist es dabei, sein Inventar – allein 350.000 Blatt in der Grafischen Sammlung – zu digitalisieren und auf seiner Website der Allgemeinheit frei zur Verfügung zu stellen. Döring sieht in dem freien Zugang eine große Chance: Auch unbekannte Gestalter*innen können so neu entdeckt werden.

Dr. Jürgen Döring ist Kunsthistoriker. Seit 1989 ist er Leiter der Grafischen Sammlung im Museum für Kunst und Gewerbe Hamburg. Er ist Kurator zahlreicher Ausstellungen.

Monumental ist das Museum für Kunst und Gewerbe auch von außen.

Nadel

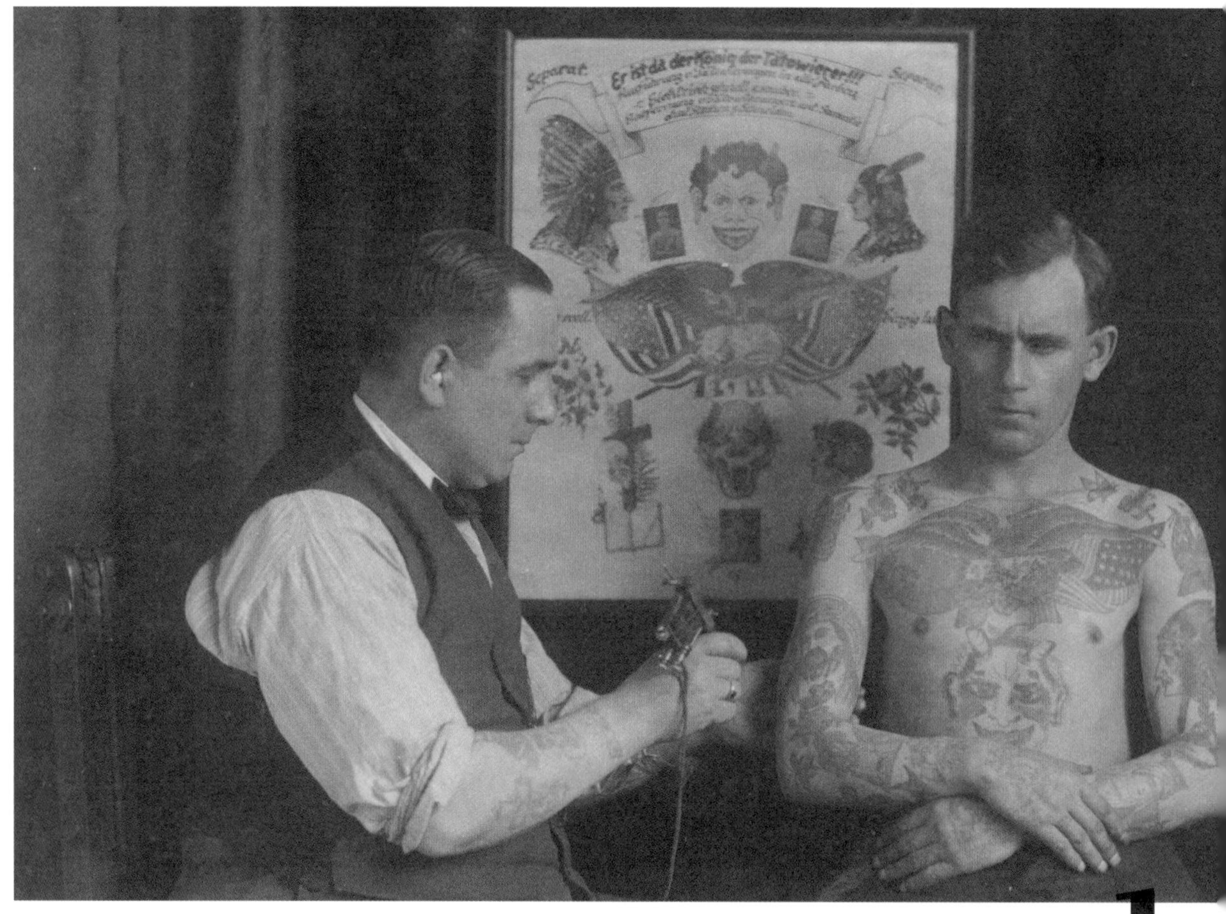

und

Hamburg, im Jahr 1919. In der Kieler Straße 44 auf St. Pauli eröffnet eine neue Schankwirtschaft. Vom Gastraum abgetrennt richtet sich der Besitzer Christian Warlich eine kleine Tätowierstube ein. In seinem *Atelier moderner Tätowierungen* ist Warlich fortan damit beschäftigt, die Haut seiner Kundschaft mit bunten Motiven zu schmücken - mehr als 40 Jahre lang.

Farbe

TEXT Nadine Beck & Maja Dreyer

Design aus Christian Warlichs Vorlagenbuch 1934

Christian Warlich und sein Kunde Paul Brodeck

Die Tätowierkunst ist ein uraltes Handwerk. Bereits in der Steinzeit tätowierten sich die Menschen, wie der 1991 im Ötztal geborgene Körper des Steinzeitmenschen *Ötzi* beweist. Rund sechzig Tätowierungen konnten Forschende an dem Leichnam feststellen. Die Praxis des Tätowierens lässt sich in allen Weltgegenden nachweisen und ist damit ein globales Phänomen. In Europa sind es maßgeblich Kaufleute und Seefahrer, die im 18. Jahrhundert entweder selbst tätowiert oder mit dem Wissen von und über Tätowierungen aus Übersee zurückkehren.

Die christliche Kirche lehnte das Tätowieren als heidnisches Relikt strikt ab. Dennoch entwickelt sich sowohl beim Adel als auch im Bürgertum im 19. Jahrhundert ein großes Interesse an der Tätowierkunst - Expert*innen sprechen von einem regelrechten Boom, der erst mit dem Ausbruch des Ersten Weltkriegs im Jahr 1914 abklingt. Dennoch bleiben Tattoos in der Oberschicht eine Ausnahme. Bei Angehörigen gesellschaftlicher Randgruppen, wie zum Beispiel Soldaten, Matrosen und Strafgefangenen, avancieren Tätowierungen dagegen zum Schmuck und Charakteristikum. Durch das Tragen bestimmter Symboliken auf der Haut werden Zugehörigkeiten oder auch die Abgrenzung vom Rest der Gesellschaft ganz offensiv nach außen getragen.

Auch Christian Warlich ist vor seiner hauptberuflichen Tätigkeit als Gastwirt und Tätowierer zur See gefahren. Am 5. Januar 1891 in Hannover geboren, entscheidet sich Warlich zunächst für eine Lehre als Kesselschmied in Dortmund, bevor er nach einigen Jahren Gesellentätigkeit als Matrose anheuert. Auf hoher See unternimmt Warlich die ersten Schritte in seiner Laufbahn als Tätowierer. Er verewigt sich auf der Haut von etlichen seiner Kollegen mit einem Stil, der heute als *oldschool* bezeichnet wird. Besonders charakteristisch dafür sind seine klare Linienführungen und minimalistische Darstellungen.

Bei einer Fahrt in die USA kommt Christian Warlich erstmals mit einer elektrischen Tätowiermaschine in Berührung. Die Erfindung dieser Maschine im Jahr 1891 bewirkt eine Professionalisierung des Handwerks. Beim Tätowieren werden Farbmittel wie Tinte oder Pigment mit einer Nadel in die Haut eingebracht. Im Unterschied zu Farbeingebungen in die obere Hautschicht, die Epidermis, die nach wenigen Tagen bis Wochen herausgewachsen sind, bleiben Tätowierungen der zweiten Hautschicht (Dermis) ein Leben lang bestehen und sichtbar. Mit dem Einsatz der elektronischen Tätowiermaschine sind nun präzisere und damit qualitativ hochwertigere Ergebnisse möglich. Christian Warlich ist einer der ersten Tätowierer in Deutschland, der mit einer elektrischen Tätowiermaschine arbeitet. Der hohe Grad an Professionalität, mit der er sein Handwerk ausführt, ist einer der Hauptgründe für Warlichs Erfolg.

Heute gilt Christian Warlich als einer der bedeutendsten Tätowierer des 20. Jahrhunderts. Schon zu seinen Lebzeiten macht er sich als *König der Tätowierer* auch international einen Namen und pflegt Kontakte in aller Welt. Sein Vorlage-Album, in dem Kunden blättern und sich für ein Motiv entscheiden konnten, hat dabei längst einen Legendenstatus erreicht. Das Album enthält rund 300 Motive, die sowohl von Warlichs hand-

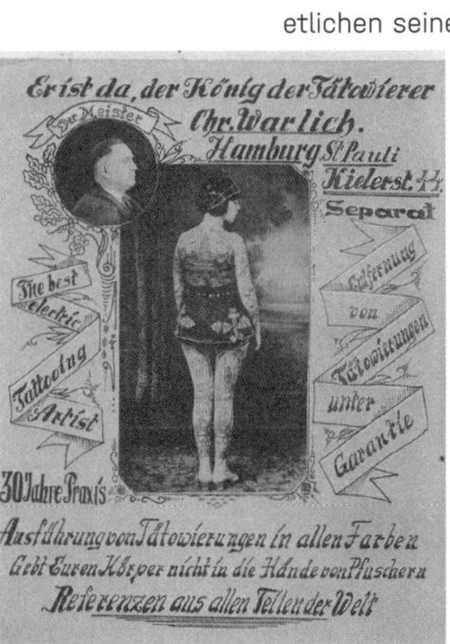

Werbekarte von Christian Warlich / vor 1948

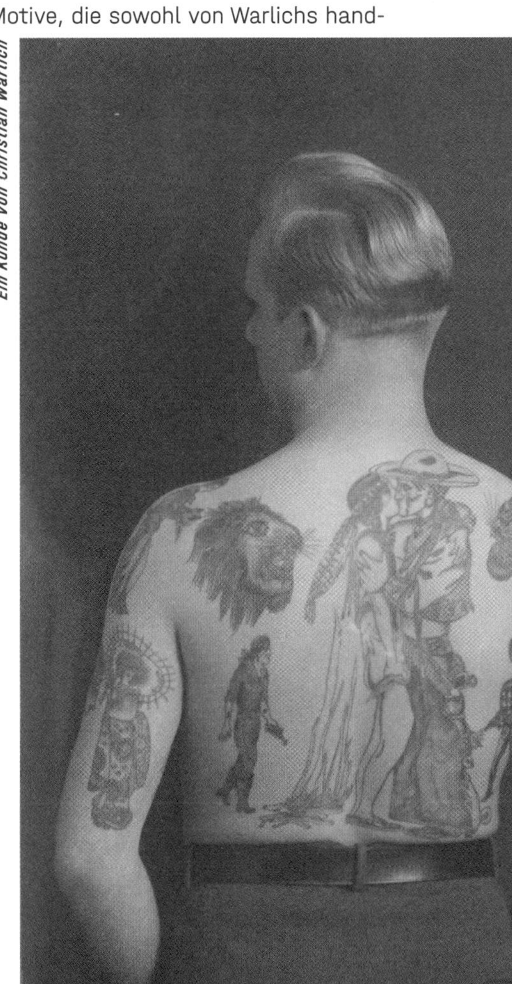

Ein Kunde von Christian Warlich

werklichem Können als auch seinem künstlerischen Anspruch zeugen. Im Jahr 1981 wird das Album mit einem begleitenden Text von dem Kulturhistoriker Stephan Oettermann publiziert. Obwohl die Abbildungen in dem sogenannten Oettermann-Buch von minderer Qualität sind, bezahlen Liebhaber*innen für diese Zusammenstellung von Kleinodien im Antiquariat ein kleines Vermögen.

Das Interesse an der Person Warlich ist unterdessen, über 50 Jahre nach seinem Tod, größer denn je. Aktuell bildet der Nachlass des 1964 verstorbenen Tätowierers den Mittelpunkt eines Forschungsprojekts am Museum für Hamburgische Geschichte. Seit Dezember 2015 beschäftigt sich der promovierte Kunsthistoriker Ole Wittmann mit dem Leben und Schaffen von Christian Warlich, dessen Wirken bis heute anhält und somit kulturwissenschaftliche Bezüge ausgehend vom 19. Jahrhundert bis in die Gegenwart zulässt.

Mit seiner Art und seinem Fachwissen hat Christian Warlich Generationen nach ihm geprägt. Seinerzeit nimmt man ihn als Gentleman war, da er stets gut gekleidet, in Anzug und Fliege arbeitete. Ein gepflegtes Äußeres soll ihm auch bei seinen Kunden ein großes Anliegen gewesen sein. Wahrscheinlich lehnte er es deshalb ab, Hände oder Gesichter zu tätowieren. In der Szene ist das Vemächtnis des Urvaters des Tätowierens auch heute noch von großer Relevanz. Das Besondere an Warlichs Vorlagen ist, dass er mit populären Motiven meist nicht direkt gearbeitet hat, sondern die Idee adaptierte und daraus eigene Zeichnungen entwarf. Damit zeigt Warlich ein für diese Zeit ungewöhnlich ausgeprägtes visuelles Verständnis. Seine Vorlagen werden heute wiederum von Tattoo-Künstler*innen aus aller Welt als Inspirationsquelle genutzt. Und auch die Originale erfreuen sich einer regen Beliebtheit, wie aktuell auf dem Instagram-Profil zum Forschungsprojekt zu Christian Warlich (@nachlass.warlich) eindrucksvoll nachzuvollziehen ist.

Design aus Christian Warlichs Vorlagenbuch / 1934

Christian Warlich in seiner abgetrennten Tätowierstube im hinteren Bereich seines Pubs in St. Pauli, Hamburg / 1960

Das Schaufenster von Christian Warlichs Wirtshaus / 1936

BUCHTIPP!

Christian Warlich | Tattoo Flash Book | Vorlagealbum
hg. von Ole Wittmann
ISBN: 978-3-7913-5896-3 | 108 Seiten | Hardcover, 24,5 cm × 32 cm
Prestel Verlag | REGULAR EDITION € 38,– | LIMITED EDITION € 299,–

INTERVIEW Nadine Beck

P(e)ik-Ass: Ole Wittmann und der wahre Warlich

Ole Wittmann ist Kunsthistoriker, Autor und Kurator und mit seinen Publikationen über den Ausnahmekünstler Christian Warlich (1891 - 1964) quasi die Kapazität, wenn es um das Œuvre und Leben des Tattoo-Meisters geht. Ole Wittmanns Beschäftigung mit dem Thema ist es zu verdanken, dass die Tätowierkunst in ihrem breiten Spektrum erstmals in den Olymp der kunstwissenschaftlichen Betrachtung aufgestiegen ist.

Nadine Beck: Sie bereiten gerade eine Ausstellung über den Tätowierer Christian Warlich vor. Die letzten Texte für die Bilder sind gerade fertig – was erwartet uns denn in der Ausstellung?

Ole Wittmann: Erwarten wird uns die erste umfassende Schau zu einer Leitfigur der globalen Tattoogeschichte. Christian Warlich wird im Mittelpunkt der Ausstellung stehen, ein Tätowierer, der auf St. Pauli tätig war, aber auf der ganzen Welt eine Rolle gespielt hat und auch heute noch spielt. Seine Werke sind natürlich zentrales Thema, man wird aber auch etwas zu Tätowierungen auf St. Pauli erfahren, bevor Warlich 1919 anfängt, professionell in Hamburg zu tätowieren: zu seinen Konkurrenten und Zeitgenossen und eben auch etwas darüber, welche Rolle Warlich auch heute noch in der Tätowierszene spielt.

NB: Und welches Exponat ist Ihr persönliches Kleinod, welche Geschichte verbinden Sie damit?

OW: Eine besondere Verbindung habe ich natürlich zu Objekten, die im Rahmen des Forschungsprojektes *Nachlass Warlich* überhaupt erst zutage gekommen sind und vorher unbekannt waren, wie zum Beispiel ein Film über Christian Warlich oder ein Vorlagealbum des Altonaer Tätowierers Karl Finke, der der große Hamburger Tätowierer vor Warlich war. Und auch ganz spannend ist dieser Bereich der professionellen Tattoo-Entfernung! Denn Warlich war nicht nur ein Pionier der professionellen Tätowierung, sondern auch der Tattoo-Entfernung. Da konnten wir im Rahmen der Forschung das originale Rezept finden, aus dem Warlich seine Tinktur zur Tattoo-Entfernung entwickelt hat. Das werden wir alles auch in der Ausstellung zeigen.

NB: Ist Ihnen schon einmal ein »lebendiger« Warlich begegnet, also ein Bild, das er selbst noch gestochen hat?

OW: Ein *lebendiger* Warlich ist mir tatsächlich schon begegnet. Wir haben nach Zeitzeugen gesucht, die noch von Warlich tätowiert wurden - und die fanden sich auch! Das war ein ganz schönes Highlight. Einer von ihnen war Peter Neumann, der sich damals um 1960 mit Anfang 20 eine Schwalbe mit Hamburg-Banderole samt Blüte in Warlichs Studio in der Clemens-Schulz-Straße hat tätowieren lassen. Er hatte im Hamburger Abendblatt von einem Tätowierer gelesen, der nahe der Reeperbahn so fortschrittlich arbeite, dass das Tätowieren nicht mehr schmerzhaft sei. In seinem jugendlichen Übermut musste er das natürlich sofort ausprobieren, hat sich aber beim Tätowieren dann doch ganz schön am Stuhlbein festgekrallt. Das Schöne an der Tätowierung ist, dass dies ein Motiv ist, das sich auch in Warlichs Vorlagealbum findet, was jetzt wieder neu herausgegeben wurde.

NB: Worin unterscheidet sich denn in Ihren Augen Warlich von anderen Tätowierern seiner Zeit außer dadurch, dass er als Erster in Deutschland eine elektrische Tätowiermaschine einsetzte?

OW: Das liest man öfter mal - ich bin mir aber gar nicht so sicher, ob das stimmt. Er unterscheidet sich dadurch, dass die Qualität seiner Arbeiten im Vergleich zu der seiner deutschen Konkurrenz unglaublich gut war und er zudem das Gewerbe auf ein neues, professionelles Level gehoben hat. Sowohl im Hinblick auf sein Auftreten und die Art und Weise, wie er mit den Medien umging als auch wie er sich vermarktet hat. So hat er stets einen sehr positiven Eindruck und ein gewisses Bild geschaffen, eben auch in den Medien. Das wiederum hat dann auch einen Teil der Öffentlichkeit erreicht. Somit kann man ihn zu Recht als Urvater der professionellen Tätowierer in Deutschland bezeichnen.

AUSSTELLUNGSTIPP!

Die Sonderausstellung *Tattoo-Legenden. Christian Warlich auf St. Pauli* ist vom 27. Novemer 2019 bis 25. Mai 2020 im Museum für Hamburgische Geschichte zu sehen.

Christian Warlich zeigt sein Vorlagenbuch den Kunden / 1936

TwoPoints.Net | On the Road to Variable. The Flexible Future of Typography

ISBN: 978- 988-78501-7-5 | 264 Seiten | Flexcover, 19 cm × 26,7 cm

viction:ary | mit orangem oder blauem Cover erhältlich | € 33,79

Zwei Jahre lang arbeiteten Lupi Asensio und Martin Lorenz an dem Buch »On the Road to Variable. The Flexible Future of Typography«. Das Buch beinhaltet neben Interviews mit Felix Pfäffli und Mitch Paone viele Arbieten aus aller Welt — von flexiblen Identitäten über bewegte Poster bis hin zum Variable-Font-Format aus aller Welt.

INTERVIEW Manuel Kreuzer

flexibel, virtuell, modular

Martin Lorenz erklärt im Interview, warum er und seine Kolleg*innen Lupi Asensio und Elio Salichs von TwoPoints Print lieben, welche Rolle Farben für ihre Arbeit spielen und warum er Kinderbücher für die beste Inspirationsquelle hält.

Partner und Partner: Lupi Asensio und Martin Lorenz sind verheiratet und betreiben das Designstudio TwoPoints.Net.

Manuel Kreuzer: **Wer seid ihr und was macht ihr?**
Martin Lorenz: Wir sind TwoPoints, ein international arbeitendes Designstudio. Wir sind zu dritt, Lupi und ich sind mittlerweile in Hamburg und Elio ist in Barcelona geblieben. Wir selber, Lupi und ich, waren auch zehn Jahre in Barcelona. Und unsere Kunden sind eigentlich in der ganzen Welt verstreut, die meisten in den USA, in Asien, aber auch viele in Spanien.
MK: **Und wie seid ihr auf die Idee gekommen, ein internationales Büro zu gründen, beziehungsweise was treibt euch an?**
ML: Die Idee, überhaupt ein Büro zu gründen, kam, nachdem wir längere Zeit angestellt waren und bemerkt haben, dass wir unser Schicksal in die Hand nehmen und selber entscheiden wollten: für wen wir arbeiten, was wir machen und wie wir's machen.
MK: **Und wie kam es dann zu Hamburg und Barcelona?**
ML: Wir waren zehn Jahre in Barcelona. Barcelona ist natürlich eine Großstadt, aber wenn man zehn Jahre irgendwo ist, dann kennt man halt wirklich jeden. Deshalb brauchten wir einen Tapetenwechsel. Wir liebten Berlin total, aber wir wollten eine Stadt haben, die weniger Touristen anzieht, und sind deswegen nach Hamburg. Hamburg ist einfach ein bisschen beschaulicher.
MK: **Was war euer bisher schönster beziehungsweise schlimmster Job?**
ML: Die schönsten Jobs sind die, bei denen man noch etwas Neues dazulernt. Ein Grund für uns, ein eigenes Studio zu gründen, war auch, dass wir interessante Kunden haben wollen, die interessante Dinge tun, hinter denen wir stehen, die wir vertreten können, aber von denen wir auch viel Neues lernen können. Es sind glücklicherweise ganz viele, von denen wir lernen können: zum Beispiel von der Publikation Leap Dialogues für DesignMatters at ArtCenter College of Design. Dabei ging

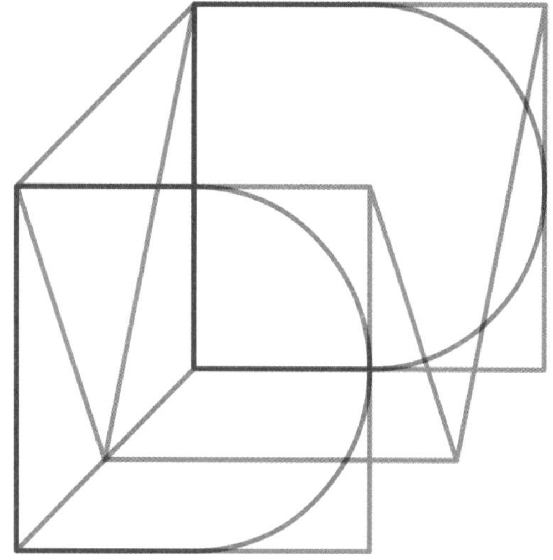

es darum, dass auch visuell ausgebildete Designer lernen, soziale Projekte zu übernehmen. Dafür haben sie Menschen interviewt, die sowieso schon in dem Bereich arbeiten. Wir hatten dabei das Glück, auch das Buch dazu gestalten zu dürfen. Wenn wir so etwas machen, wollen wir natürlich auch wissen, was wir da gestalten, das heißt, wir müssen uns auch mit dem Inhalt auskennen. Und abgesehen davon, dass wir vom Inhalt des Buches viel lernen konnten, war es so, dass die Zusammenarbeit mit den Kunden viel Spaß gemacht hat, weil sie wussten, welche Rolle sie ausüben, welche Rolle wir, und es da keine Überlappungen gab - eben nicht dieses typische Mitgestalten-Wollen. Das sind tolle Menschen, mit denen wir auch noch immer zusammenarbeiten, also immer wieder in neuen, anderen Projekten, anderen Konstellationen. Das ist im Grunde das, was uns wichtig ist: Menschen zu finden, mit denen wir gut zusammenarbeiten können, und dann ist es eigentlich egal, wo die gerade sind auf der Welt.

Der schlimmste Job ergibt sich im Grunde genau daraus: das sind die Jobs, bei denen genau das Gegenteil passiert, bei denen nicht klar definiert wird, wer welche Rolle hat. In unserem Falle also: Wer ist der Gestalter? Und wenn dann mitgestaltet wird beziehungsweise Entscheidungen über die Gestaltung getroffen werden, die im Grunde nur ein Gestalter treffen kann, wird es immer zu einem schlimmen Job, weil man dann anfangen muss, zu erklären, warum man welche Entscheidung getroffen hat. Versuch mal, in kürzester Zeit das, was du in acht Jahren Studium und zwanzig Jahren Berufserfahrung gelernt hast, runterzukochen.

MK: **Wie unterscheidet sich euer Label von anderen?**

ML: Wir haben uns schon seit Langem auf das Gestalten von flexiblen visuellen Identitäten spezialisiert. Es gab immer mal andere Begriffe dafür, wie zum Beispiel dynamic identities oder liquid branding. In den letzten Jahren ist das immer mehr geworden: Alles muss responsive und flexibel sein. Wir müssen also gar nicht mehr so sehr darum kämpfen, warum es mehr Sinn macht, eine flexible visuelle Identität zu gestalten. Nur, dass wir uns nicht einfach einen Stempel aufdrücken, von wegen *Das machen wir*, sondern in der Richtung auch geforscht haben. Ich hab darüber auch meine Dissertation geschrieben. Und wir unterrichten schon seit 2005 zu den Themen flexible visuelle Identitäten und flexible visuelle Systeme.

Ich denke, was uns außerdem ausmacht, ist, dass wir auf der einen Seite diese sehr logischen Systeme haben, aber auf der anderen Seite auch diese intuitiv emotionale Ebene der Farbsysteme. Farbe ist für unsere Projekte auch sehr wichtig!

MK: **Was genau kann man sich unter flexiblen visuellen Systemen vorstellen?**

ML: Wir wenden diese flexiblen visuellen Systeme meistens im Bereich visuelle Identitäten an, wobei wir visuelle Identitäten nicht nur für Firmen gestalten, also nicht nur Corporate Designs machen. Für uns ist eine visuelle Identität auch das, was wir zum Beispiel für Leap Dialogues gestalten: eine Reihe verschiedener Objekte, die einen visuellen Zusammenhang haben müssen. Es wird flexibel, wenn man sich von vornherein bewusst ist, dass die Anwendung dieser Identität, je nach Medium, das man benutzt, ganz unterschiedlich sein muss. Da gibt es kleine Anwendungen, große Anwendungen, breite Anwendungen, hohe Anwendungen, schmale Anwendungen, es gibt Anwendungen, die animiert werden müssen, es gibt Anwendungen, die vielleicht sogar dreidimensional sind, es gibt Anwendungen, die laut und werbend sein müssen, es gibt welche, die einfach nur leise und informierend sein müssen. Das würde man mit einer statischen, nicht fle-

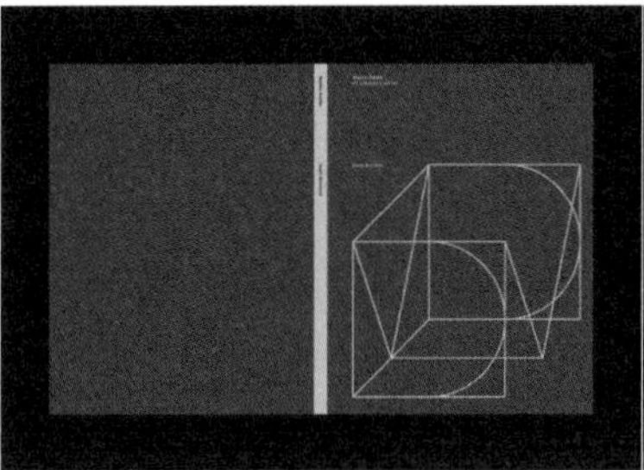

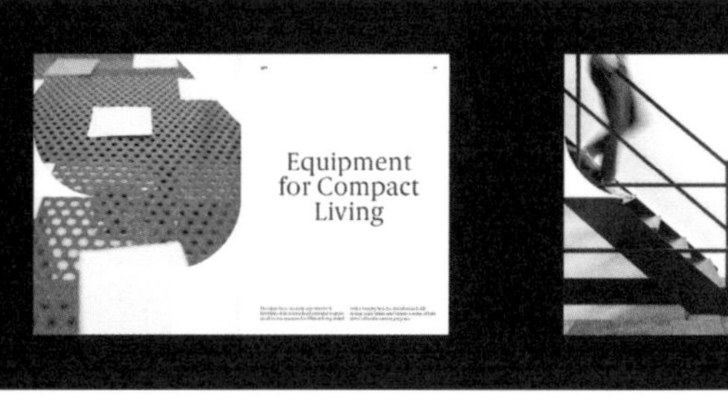

Variable visuelle Identität für das in New York City ansässige Architekturbüro Dash Marshall.

xiblen visuellen Identität nicht hinbekommen. Das Logo oder die Identitäten, die ausgehend von einem Logo gestaltet werden, sind für uns das Gegenteil zu einem flexiblen visuellen System. Es gibt Büros, die immer noch davon ausgehen, dass man erst ein Logo gestaltet und dann muss man das einfach überall nur draufkleben. Aber das kann nicht funktionieren. Das ist so, als wenn man immer die gleiche Botschaft wiederholen würde, in unterschiedlichen Kontexten, verschiedenen Medien und mit verschiedenen Zielgruppen. Deswegen ist für uns diese Idee von der visuellen Sprache, die wir mit einem visuellen System entwickeln, wesentlich effektiver. Anstatt eine Botschaft einfach nur hinauszuschreien, sind es visuelle Sprachen, die wir entwickeln, die dann wiederum auf den Kontext und die Botschaft abgestimmt und benutzt werden können.

MK: **Genau! Visuelle Systeme zu entwickeln, bedeutet eben nicht nur Logo oder Briefpapier: Das Feld ist viel weitreichender. Ihr gestaltet ja auch Plakate bis hin zu Websites, Innenarchitektur und so weiter. Welche Disziplin macht euch da am meisten Freude?**

ML: Wir lieben alles, was gedruckt oder besonders produziert werden muss. Weil man dadurch kleine Schätze schafft, die die Leute in die Hand nehmen. Und weil man gerade jetzt in der Zeit, in der vieles nur noch digital ist, einen Mehrwert für die Sinne schafft. Es ist etwas, das man anfassen, riechen, fühlen, sehen kann. Und obwohl man denken könnte, dass der Printbereich immer weniger wichtig wird, ist er tatsächlich wichtiger geworden. Das merken wir auch bei den Projekten, die wir machen: beispielsweise für strategische Designer, die merken, dass Objekte an sich eine ganz andere Macht haben als digitale Anwendungen, die oft sehr flüchtig sind und schnell wieder verschwinden. Was man im Druckbereich aus einem Projekt rausholen kann mit guten Partnern und mit einer besonderen Produktion. Das ist schon etwas Besonderes, und das ist auch etwas, was wir dem Kunden teilweise erklären müssen.

Es gibt ja auch immer wieder neue Druckverfahren. Das ist ein Bereich, da haben wir das Gefühl, dass der gerade bei den neueren Generationen extrem unterschätzt wird. Dass das ein Bereich ist, der ganz viel kommunikatives Potenzial hat. Was uns natürlich auch wahnsinnig interessiert, ist einfach, wie man diese visuellen Systeme in die dritte und vierte Dimension bringen kann. Also das, was man in den letzten Jahrzehnten im 2-D-Bereich gemacht hat: Wie kann man Systeme schaffen, die in allen Dimensionen funktionieren, also auch in 3-D und animiert? Das heißt,

Matter Battle:
45 Lessons Learned

Dash Marshall
New York City,
2018

wir denken nicht darüber nach, *wie könnte man jetzt aus dem 2-D-Ding etwas Dreidimensionales machen oder wie könnte man es animieren*. Wenn wir Projekte entwickeln, dann denken wir von Anfang an schon in Animationen oder 3-D, weil das die Welt ist, in der wir mittlerweile leben und kommunizieren. Man kann Animation eigentlich fast gar nicht mehr ausschließen. Man muss sich bewusst sein, dass es Sachen gibt, die animiert besser funktionieren.

MK: **Wie würdet ihr eure Zielgruppe beschreiben?**

ML: Generell ist es so, dass wir uns niemandem verschließen. Wir haben unsere Zielgruppe nie wirklich definiert. Wir wollen einfach mit Menschen zusammenarbeiten, die respektvoll sind, die auch gerne experimentieren und die interessante Inhalte haben. Was sich ein bisschen rauskristallisiert, ist, dass wir sehr viel mit Architekten zusammenarbeiten. Ich glaube, was diese Zielgruppe interessiert, ist, dass wir vermutlich ähnlich arbeiten und denken, also auch in Systemen.

MK: **Jetzt konkret zu ein paar eurer Projekte: Beispielsweise zur Ausstellung »Small Designs, Big Architects« in der Roca Gallery Barcelona. Das Motto der Ausstellung lautet ja »things aren't always what they seem«. Die Verbindung zwischen diesen Alltagsgegenständen und Kunst ist faszinierend umgesetzt, diese ungewöhnlichen Formen, teilweise sehr statisch mit Rastern, oder die kräftigen Farben, die vielleicht sogar von diesen Objekten ablenken könnten. Wie seid ihr zu diesem Auftrag gekommen?**

ML: Das war auch wieder über die Architektur. Während unserer Zeit in Barcelona haben wir für die Architektenkammer viele Jahre das Architekturmagazin gestaltet, haben aber auch für einen Architekturverlag gearbeitet. Das heißt, Barcelona ist auch keine große Stadt, da kennt man nach einiger Zeit auch alle, erst natürlich im Design-Bereich, dann aber auch in der Architektur. Es war dann auch eine Architektin - die Architektin und Kuratorin der Ausstellung -, die uns vorgeschlagen hat.

MK: **Und wie kann man sich den Gestaltungsprozess bei so einem Projekt vorstellen?**

ML: Wir wussten von Anfang an, dass es um Objekte gehen würde, die am Esstisch benutzt werden und die von Architekten gestaltet werden. Das war auch anfangs der Haupttitel der Ausstellung: *Zu Tisch!* Dann haben wir überlegt: Was für ein Motiv oder was für eine grafische Idee könnte diese zwei verschiedenen Welten - das Mikro und das Makro, die Architektur, die Städteplanung und die kleinen Objekte am Esstisch - miteinander verbinden? So sind wir auf die Raster gekommen, die man auch auf den Tischdecken hat und die im Grunde auch ein bisschen an die Städteplanung erinnern.

Dadurch, dass die Ausstellungsräume schwarz waren, haben wir gesagt, wir müssen dem ein bisschen Farbe geben, ganz kräftige Farben. Diese starke visuelle Sprache hat uns dann auch dabei geholfen, die unterschiedlichen Stile der verschiedenen Architekten zusammenzubringen.

Da ist einfach ein riesen Unterschied zwischen Ettore Sottsass, der sehr farbenfroh ist und Zaha Hadid, die eher mit Metall gearbeitet hat. So haben sich die verschiedenen Ideen und Einflüsse dieser Grafik entwickelt. Das ist im Grunde immer so bei uns: dass wir die Inspiration aus dem Konzept und aus dem Inhalt schöpfen.

Für die Roca Gallery Barcelona gestaltete TwoPoints.Net die Ausstellung »Small designs, great architects«, die Einrichtungsgegenstände zeigt, die von renommierten Architekten wie Peter Zumthor, Toyo Ito, David Chipperfield, Zaha Hadid und Jean Nouvel entworfen wurden.

Deswegen werden Projekte für uns auch nie langweilig, weil wir uns immer durch neue Aufgaben inspirieren lassen. Wenn wir uns nur von unserer eigenen Arbeit inspirieren lassen würden, wäre das langweilig, weil wir uns die ganze Zeit nur wiederholen würden.

MK: **Ein sehr schönes Projekt. War dieses Gestaltungskonzept das einzige oder schlagt ihr immer mehrere vor?**

ML: Wir präsentieren immer nur einen Vorschlag. Das erklären wir auch vorher. Wir wollen einfach mehr Zeit in eine vernünftige Analyse oder eine vernünftige Auseinandersetzung mit dem Kunden investieren, damit wir verstehen, was er erreichen möchte. Die Gestaltung ist dann eigentlich nur eine logische Konsequenz aus dem, was sich in diesem Gespräch entwickelt hat. Es gibt eine Analysephase, eine Konzeptphase, eine strategische Phase und dann erst präsentieren wir etwas Visuelles. Es gibt viel Austausch in diesen ersten Gesprächen und dadurch kann der Kunde auch nachvollziehen, warum wir auf diese visuelle Sprache gekommen sind.

Sollte es so sein, dass wir etwas vorschlagen, was dann überhaupt nicht passen würde, dann liegt das meistens daran, dass wir irgendeine Information nicht bekommen haben, die aber wichtig für uns war. Dann muss man wieder zurückgehen und sagen, okay, welcher Teil wurde in der Analysephase vergessen, den wir eigentlich hätten wissen müssen, bevor wir das Visuelle entwickeln? Alles andere wäre für uns im Grunde wie fischen im Dunkeln: drei verschiedene Entwürfe zeigen, die verschiedenen Stilmittel ausprobieren, also letzten Endes eine Diskussion um Geschmack. Der Kunde sagt, ihm gefällt die eine Version besser, mir aber eigentlich die andere ... Das ist - zumindest für uns - die falsche Ausgangssituation. Der Geschmack des Kunden sollte nicht über das Endresultat entscheiden. Wenn man es richtig gemacht hat, weiß man eigentlich, was der Geschmack der Zielgruppe ist.

MK: **Ihr macht viele Bücher, auch viele selbstinitiierte. Das neueste ist das »On the road to Variable«. Das liegt schon seit Monaten neben mir, täglich nehme ich das in die Hand. Das ist total spannend!**

ML: Schön!

MK: **Ja, ich mag das sehr. Was war eure Motivation? Man weiß bei sowas ja wahrscheinlich schon vorher, dass es nicht in einem Monat getan ist, sondern eine längere Zeit braucht.**

ML: Diese Buchprojekte machen wir eigentlich aus rein privatem Interesse heraus, weil man damit so gut wie kein Geld verdient. Und gerade bei diesem Projekt war es auch so, dass wir unheimlich viel Zeit investiert haben. Der Ausgangspunkt für ein solches Buchprojekt ist: Ist das Thema relevant, ist es aktuell?

MK: **Ihr gestaltet für fast jedes Projekt eine eigene Schrift, also meiner Meinung nach sehr eigenwillig und auch oft sehr geometrisch. Seht ihr die Schrift als essenzielles Gestaltungselement für ein Erscheinungsbild?**

ML: Ja, mit Sicherheit. Es ist natürlich eine Mischung. Auf der einen Seite ist Schrift das älteste flexible visuelle System der Kommunikation. Der modulare Gedanke dahinter ist, dass man einzelne Zeichen miteinander kombinieren und dadurch andere, neue Sinne schaffen kann. Aber es ist natürlich auch so, dass wir von unserer Ausbildung her einen Hintergrund haben, der sich auch darauf auswirkt, wie wir gestalten. Und zwar haben wir beide in Den Haag studiert. Die KABK in Den Haag ist bekannt für Schriftgestaltung und ich hab dort Kalligrafie gelernt bei Frank Blokland, hatte bei Peter Verheul und bei Petr van Blokland Schriftgestaltung. Ich hab Schriften in Stein gemeißelt und versucht, alles aufzusaugen, was mit Schriftgestaltung zu tun hatte. Dass diese Schriften von mir bei den visuellen Identitäten dann so modular geworden sind, das hat einmal damit zu tun, dass es einfach schnell geht, modulare Schriften zu gestalten, aber auch, dass Modularität die Möglichkeit bedeutet, unterschiedliche Dinge mit den Modulen zu gestalten, also die Module können zu Schriften werden, aber auch zu Grafik oder zu Mustern. Das ermöglicht es uns, unterschiedliche Werkzeuge für unterschiedliche Anwendungen der visuellen Identitäten zur Verfügung zu haben und trotzdem eine formale Kohärenz zwischen allen Elementen zu haben.

MK: **Mich fasziniert besonders diese visuelle Identität des Architekturbüros Dash Marshall – logischerweise auch wieder flexibel gestaltet. Trotzdem habt ihr einen CD-Styleguide erstellt. Wie wichtig ist aus eurer Sicht so eine Anleitung bei variablen Erscheinungsbildern?**

ML: Wir haben einen CD-Styleguide entwickelt, damit der Kunde weiß, wie er die visuelle Identität anzuwenden hat. Wenn wir allerdings immer das entsprechende Budget hätten, fänden wir es eigentlich viel hilfreicher, nicht nur einen Styleguide zu entwickeln, sondern im Grunde eigene Programme, die die Anwendungen nur generieren müssen. Das haben wir für ein paar Projekte auch schon gemacht.

MK: **Stichwort: The One Weekend Book Series oder Julien Martin um ein paar eurer freien Projekte zu nennen. Wie plant ihr da die Zeit dafür ein? Euer Tag hat ja auch nur 24 Stunden.**

ML: Diese Projekte sind für uns sehr wichtig, weil wir mit ihnen vermeiden, dass unsere Kreativität irgendwann stagniert und unser Job uns irgendwann langweilt. Meine Frage war im Grunde, wie kann ich kreativ bleiben, wenn dieser Job zum Job geworden ist? Mir ist dann klar geworden, dass ich in den Situationen am meisten lerne, in denen ich mich neuen Dingen aussetze und zulasse, dass ich erst mal im Nichtverstehen schwimme, nicht genau weiß, ob etwas gut oder schlecht ist, und mir die ganzen Kriterien fehlen, die ich sonst bei dieser Arbeit eigentlich haben muss.

Als The One Weekend Book Series gegründet wurde, war ich noch angestellt, habe fünf Tage die Woche gearbeitet und dann am Wochenende diese Bücher gemacht. Ich bin in unterschiedliche Städte gefahren und habe Menschen - Gestalter, Künstler oder Designer - getroffen, die ich meistens noch nicht kannte. Ich habe mich dann einfach mit denen an einen Tisch gesetzt und angefangen, irgendetwas zu zeichnen, zu collagieren oder zu drucken. Das ist eine ganz merkwürdige Situation, weil man sich nicht kennt und nicht weiß, wie man miteinander arbeiten soll. Man fühlt sich erstmal recht unwohl. Wenn beide Interesse haben, etwas zu schaffen, dann entsteht irgendwann eine visuelle Sprache, eine Synergie zwischen zwei Personen, die gar nicht planbar ist. Man kann schwer benennen, was da passiert, aber irgendwie reagiert man auf eine kreative Art und Weise miteinander und man lernt von dem anderen. Es geht um die persönliche Erfahrung: selber wachsen und andere Sachen kennenlernen und das Unwohlsein aushalten. Im Job kommt

Für das auflagenstarke US-amerikanische Sportmagazin ESPN hat TwoPoints.Net eine Schrift gezeichnet. Angelehnt an das ESPN Logo, durch das sich eine horizontale Leiste zieht, weisen Pfeile in die Zukunft und ist alles in Bewegung.

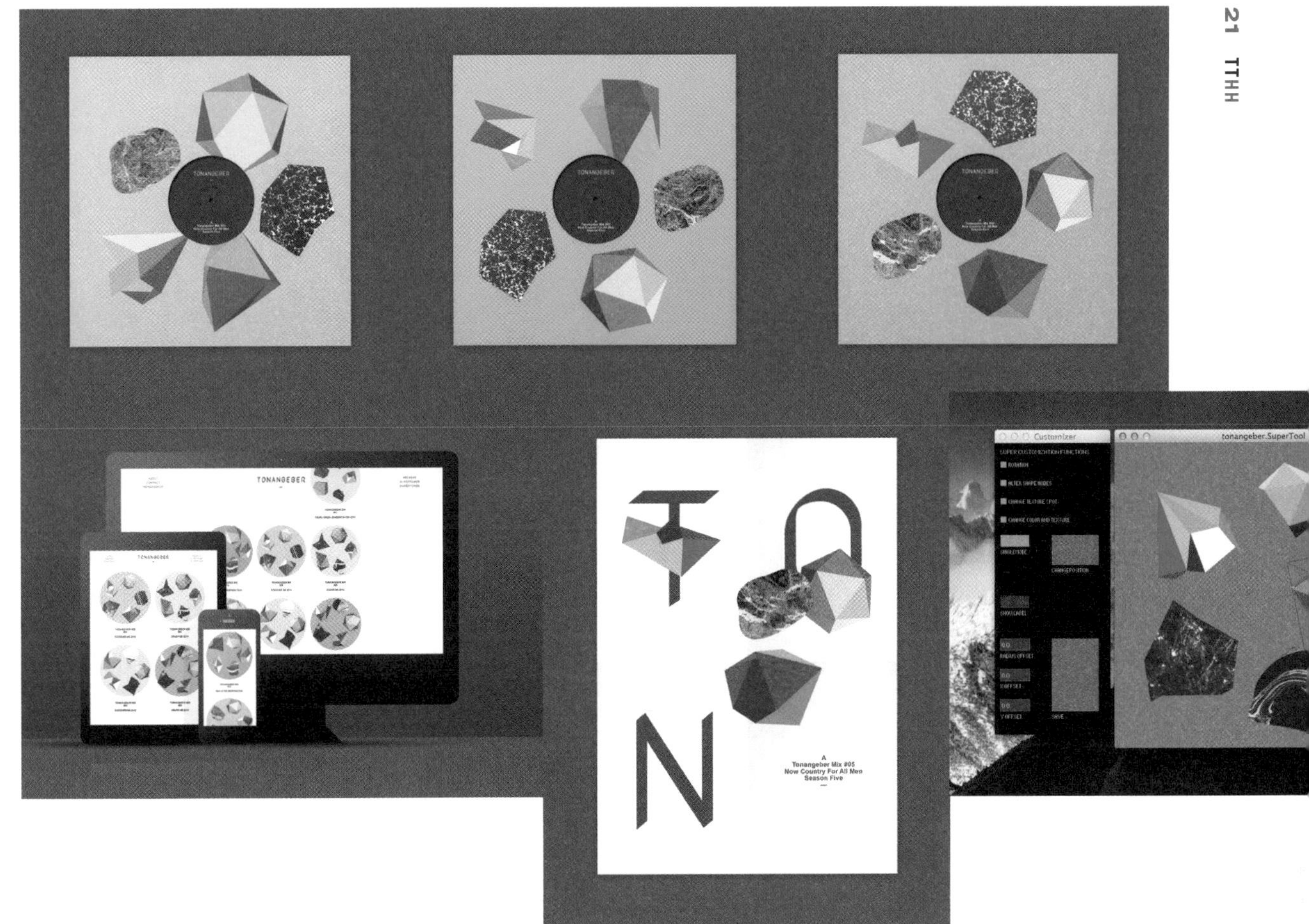

Tonangeber ist ein Projekt von Ani und Beda. Sie erstellen Wiedergabelisten und teilen diese kostenlos auf www.tonangeber.ch. TwoPoints.Net wurde beauftragt, die Website zu realisieren, entwickelte jedoch ein flexibles visuelles System, mit dem Ani und Beda für jede ihrer Wiedergabelisten ein neues Cover entwerfen konnten. Das visuelle System wurde in einem Programm implementiert, dem »Supertool«, das speziell für Tonangeber entwickelt wurde.

das viel zu kurz, weil man nicht unsicher sein darf und weniger Zeit für das Experimentieren hat. Ganz wichtig ist, dass dieses freie Experimentieren ohne Computer entsteht - freihändig, und dass auch Fehler zugelassen sind.

Ich glaube, wenn man den Drang hat, etwas auszuprobieren, nicht nur im Job, dann findet man auch immer Lücken in denen man etwas machen kann. Ich habe immer ein Skizzenbuch dabei. Manchmal muss man sich echt dazu zwingen, etwas zu machen. So ein bisschen nach dem Picasso-Grundsatz: Mach jeden Tag mindestens einen Strich.

MK: **Habt ihr Pläne für die Zukunft oder Ideen, die ihr in nächster Zeit umsetzen wollt?**

ML: Ja, jede Menge! Das schwierigste ist, dass man mehr Pläne hat, als Zeit im Leben, um sie umzusetzen. Ganz konkrete Pläne, die in nächster Zeit angegangen oder fertiggestellt werden müssen, ist einmal ein sehr ausgiebiges Buch über die Gestaltung von flexiblen visuellen Systemen, also sehr praktisch-pragmatisch, welches ich gerade entwickle. Das ist im Grunde etwas, das ich schon seit zwanzig Jahren vorhabe und an dem ich seit vier oder fünf Jahren dransitze. Lupi arbeitet schon seit mehreren Jahren an einer Dystopie, an einem Science-Fiction-Roman. Das wird noch ein paar Jahre dauern, aber da ist sie auch ganz stark dahinter.

MK: **Warum sollte man nach Hamburg kommen?**

ML: Ich weiß nicht, warum *man* nach Hamburg kommen sollte. *Wir* sind nach Hamburg gekommen wegen der Menschen: Wir finden die Hamburger einfach total nett. Wir leben hier gerne. Früher sind wir immer im Sommer vor der Hitze in Spanien nach Hamburg geflüchtet.

MK: **Wofür lohnt es sich in Hamburg mitten in der Nacht aufzustehen?**

ML: Was ich manchmal schön finde, ist, in diese alten Raucherkneipen zu gehen und da ein Herrengedeck zu trinken. Gerade diese Leute, die solche Bars schon seit Jahrzehnten führen, sind ganz liebe Hamburger Seelen. Da wird man behandelt wie ein verlorener Sohn, ganz herzlich. Also das genau Gegenteil, was man vom kühlen Norden denkt.

MK: **Woher holt ihr euch Inspiration?**

ML: Eine riesige Inspirationsquelle für uns ist der Bereich der Kinderbücher, aber auch der experimentellen Comics und der Mode, gerade, was die Farbkombinationen betrifft. Das können manchmal ganz überraschende Farbkombinationen sein, die wir da sehen und plötzlich merken: hätten wir nie gedacht, dass das gut funktioniert. Ich weiß gar nicht, ob das auch Picasso gesagt hat, dass Farben, wenn man sie zusammenstellt, singen müssen. Es gibt oft einen interessanten Kontrast, der nicht typisch ist, ein bisschen anders, und der dann eine Stimmung erzeugt, die man allein durch Form nicht erreichen könnte. In unseren Projekten entsteht das Emotionale auch ganz oft über die Farbe, dadurch, dass man die Farbe auf sich wirken lässt. Dazu gibt es auch ein schönes Zitat von Karl Gerstner, der sagt, dass die Form der Körper ist, aber die Farbe die Seele.

TEXT Jasmin Jonietz & Stefanie Weiß

Genzsch-Gänger

Jana Madle-Elmerhaus zog aus, eine Hamburger Schrift zu suchen. Und sie wurde fündig! Auf ihrer Recherche-Reise durch die Hansestadt landete sie in der Satzwerkstatt Kleine Letternpresse und bei der Genzsch-Antiqua. Das Ende des Lieds war ein Buch – über ihre Reise, Hamburgs Typografie und eine Schrift, die fast in Vergessenheit geraten wäre.

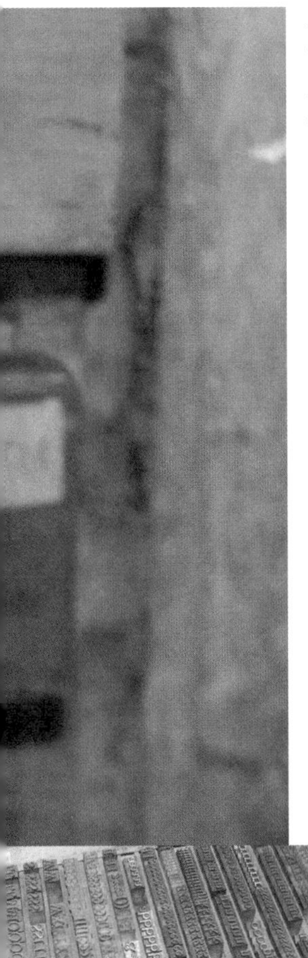

In der Kleine Letternpresse wird noch mit Druckmaschinen aus dem vorigen Jahrhundert gearbeitet. Ohne Strom und nur mit reiner Muskelkraft betrieben. Während eines Workshops entdeckte Jana Madle hier die Grenzsch.

Jasmin Jonietz: **In der Einleitung zu deinem Buch schreibst du: »Schrift ist die bildliche Form, die Gedachtes und Gesprochenes erhalten kann. Buchstaben haben Charakter.« Kannst du das erläutern?**
Jana Madle-Elmerhaus: Also, dass Schriften Charakter haben, kann man an den verschiedensten Schriftformen sehr deutlich sehen. Etwa an Schriften, die missbraucht worden sind - zum Beispiel während der NS-Zeit. Schriften, die deutlich älter waren, werden immer noch mit dem *Dritten Reich* assoziiert. Die große Herausforderung für einen Grafiker ist es, Schrift so zu verwenden, dass sie den Inhalt präsentiert. Man soll Lust haben, das zu lesen, was dort steht, ohne abgelenkt zu werden, weil die Schrift nicht zum Inhalt passt.
JJ: **Dann stelle ich jetzt eine Fangfrage. Ein bekannter Typograf hat einmal gesagt, die Helvetica sei wie Toastbrot – passt zu allem, schmeckt nach nix! Also, wann verwendet man die Helvetica?**
JM: Toastbrot - hübscher Vergleich, aber ich denke, dass man der Helvetica Unrecht tut. Schriftgeschichtlich ist sie ein jungfräuliches Schriftlein. Aber sehr groß und sehr populär geworden, weil sie eben so ganz anders, so vielfältig brauchbar war. Sie war sehr funktional mit ihren vielen Schnitten und von daher sehr verbreitet. Also passt Toastbrot, aber sie hat wirklich Charakter, wenn man ein bisschen in die Tiefen schaut.
JJ: **Du begibst dich in deinem Buch auf eine Reise, um DIE Hamburger Schrift zu finden. Warum Hamburg?**
JM: Ich bin Hamburger Deern und wollte mich der Stadt auf einem anderen Weg nähern als dem klassisch touristischen oder historischen. Es gab vor einigen Jahren ein ähnliches Projekt in Kopenhagen. Erstmal habe ich dokumentarisch angefangen, indem ich mit der Kamera festgehalten habe, was ich in der Stadt sehe. Um daraus dann ein Extrakt bilden zu können.

JJ: **Hattest du vor dem Beginn deiner Recherchen schon so eine Ahnung, dass es diese Hamburger Schrift geben könnte?**

JM: Also tatsächlich war es eine unglaubliche Neugier, die mich hat starten lassen - und eine unbändige Leidenschaft zu Lettern. Also Hamburg hat die alte Speicherstadt, das Kontorhausviertel, aber etwa sehr wenige Fassadenmalereischriften. Das Ergebnis war wirklich offen zu Beginn meiner Reise. Ich konnte nicht vorhersehen, wohin es geht.

JJ: **Kannst du uns kurz schildern, wie die Reise verlaufen ist, was du entdeckt hast und warum wir hier in dieser Satzwerkstatt sind?**

JM: Im Zuge eines Studiums bei der tgm, dem Jahreskurs *Typografie intensiv*, sollte ich eine Abschlussarbeit anfertigen. Als Hamburgerin hatte ich eben die Idee, zu untersuchen, ob es eine Hamburger Schrift gibt. Wie gesagt habe ich alles dokumentiert, was ich finden konnte. Bei einem Fundus von weit über 3.000 Fotos habe ich beschlossen, einen Schritt weiterzugehen. Ich habe recherchiert und bin im Museum der Arbeit gelandet, einem Museum in Hamburg, das eine alte Druckerei beherbergt. Dort wurden mir alte Schriftmusterbücher zur Verfügung gestellt.

Um einfach mal mit Holzlettern zu setzen und Druckereidüfte zu schnuppern, habe ich außerdem an einem Workshop hier in der Kleinen Letternpresse teilgenommen. Mehr oder weniger durch Zufall bin ich dabei an dem Schriftkasten der Fetten Genzsch stehen geblieben, einer der Schriften, die ich aus dem Museum kannte. Und das war ein Wendepunkt: Eine Schrift, die 1906 in Hamburg geschnitten und gegossen wurde, die es noch gibt - das war etwas, was ich überhaupt nicht erwartet hatte, das fand ich spannend.

JJ: **Welche Details unterscheidet die Genzsch von anderen Schriften?**

JM: Die Genzsch hat ein paar Schmunzler, würde ich sagen. Unstimmigkeiten, wo sie nicht konsequent in den einzelnen Schnitten durchgeführt wird. Sie hat auch das Versal-A, das mit seiner kleinen Schirmmütze sehr interessant aussieht. Oder das T, das in Diskussion mit sich selber steht, weil die Seitenabschläge einfach nicht konsequent, also weder symmetrisch noch unsymmetrisch, nach außen parallel stehend sind, sondern unentschlossen. Das kleine kursive A ist mit einer Oberlänge versehen, was für kleine kursive As selten ist. Das kursive G hingegen hat keine Unterlänge, also keinen geschlossenen Unterbogen, was sehr schön ist - manchmal aber auch ein bisschen plump wirkt.

»Die Genzsch hat ein paar Schmunzler, würde ich sagen.«

Was die Genzsch besonders macht, ist, dass sie damals DIE Schrift war. Sozusagen die Helvetica der Zeit des Buchdrucks. Die Schriftsetzer reagieren alle gleich: *Ach ja, die Genzsch, die hatte damals einfach wirklich jeder.* Einer fügte hinzu: *Also meine Geburtsurkunde und meine Heiratsurkunde sind in der Genzsch gedruckt.* Es war praktisch alles in der Genzsch gesetzt. Was natürlich im Umkehrschluss heißt, dass sie wirklich gut gebräuchlich war, sehr alltagstauglich. Sie hatte acht Schnitte mit verschiedensten Größen und Proportionen. Sie lässt sich bis nach Skandinavien nachverfolgen. Die Schrift war gut ausgebaut, läuft gut und ist in verschiedenen Graden gut lesbar.

Seit 2018 macht Jana Madle nebenbei eine Ausbildung zur Schriftsetzerin. Wie lange es dauert, bis ein Absatz steht, war für sie eine faszinierende Erfahrung.

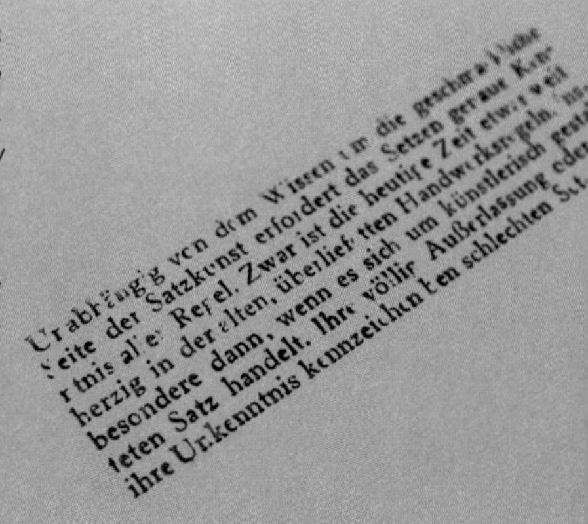

Was die Grenzsch besonders macht: Zum Beispiel das A mit seiner kleinen Schirmmütze. Oder das T mit seinen inkonsequenten Seitenabschlägen.

JJ: **Woran lässt sich eine Schrift deiner Meinung nach unmissverständlich erkennen?**
JM: Es sind die kleinen Unstimmigkeiten. Manchmal ist eine zu große Inkonsequenz kontraproduktiv, aber es kann auch etwas Besonderes sein.
Stefanie Weiß: **Prägt dich als Kommunikationsdesignerin deine Herkunft? Gibt es etwas, das du als typisch hanseatisch am Stil deiner Arbeit bezeichnen würdest?**
JM: Ich glaube tatsächlich, dass jede Stadt, in der man länger lebt, einen prägt und beeinflusst. Das lässt sich nicht vermeiden.
SW: **Du hast dich auch mit der Art und Weise, wie Schrift früher gestaltet wurde, auseinandergesetzt, also dem handwerklichen Prozess. Was hältst du von der Digitalisierung?**
JM: Die Digitalisierung hat eindeutig ihre Vorteile! Zum Beispiel lässt sich mikrotypografisch sehr sauber arbeiten. Eine Blei- oder Holzletter hat eine räumliche Begrenzung. Bei dem Wort Typografie etwa lassen sich das große T und das kleine Y nicht so zusammensetzen, wie es vielleicht am elegantesten aussieht, weil das große T Grenzen setzt. Man kann zwar mechanisch etwas absägen, aber bei Blei wird das schon schwieriger. Digitale Schrift sieht immer gleich aus. Ich arbeite gern analog und digital zugleich. Mein Ziel ist es, das Handwerk als solches zu nutzen, aber das Ergebnis digital zu verwerten.

Als Jana Madle den Schriftkasten der Fetten Genzsch gefunden hatte, wusste sie, dass sie Nachforschungen anstellen würde.

SW: **Inwiefern haben deine Reise und die Entdeckung der Schrift deinen Umgang mit Schrift verändert?**
JM: Ich würde behaupten kolossal! Den geschulten, feinen Blick, der aufmerksam ist für die Details und Besonderheiten einer Schrift, den werde ich jetzt nicht mehr los. Und es bleibt eine große Faszination, was früher handwerklich möglich war. Feingliedrige, kleingradige Bleischriften zu konzipieren. Davor habe ich höchsten Respekt! Meine Brille reicht nicht, manche Grade wirklich sauber zu sehen. Wie konnten dann wiederum die Schriftschneider sie so sauber schneiden? Ich bin dahingehend auf einmal ehrfürchtig.
SW: **Gibt es einen speziellen Ort, der für dich für Hamburger Typografie steht?**
JM: Ganz klar, der Hafen. Es gibt die Speicherstadt und natürlich das Kontorhausviertel und im Altstadtbereich diese ganz vielen Coltlettern. Ich schätze die historischen Schriften sehr, die sich dort an der Architektur befinden oder an den Fronten noch als Erhebungen zu sehen sind. Vor allem abends, wenn die Sonne untergeht und diese Lettern auch noch funkeln. Besonders schön ist auch das Hafenmuseum.
SW: **Was das typografische Bild einer Stadt betrifft: Welche Stadt nach Hamburg ist dein Liebling?**
JM: Mir ist Berlin sehr aufgefallen. Oder München. Dort gibt es viele Zeugnisse von einer Berufsgruppe, die es nicht mehr gibt – die Schildermaler.

BUCHTIPP!
Jana Madle-Elmerhaus
Hamburger Schrift | Eine typografische Reise
2. Auflage 2018, überarbeitet und erweitert
108 Seiten | Broschur, 21 × 29,7 cm | € 19,99

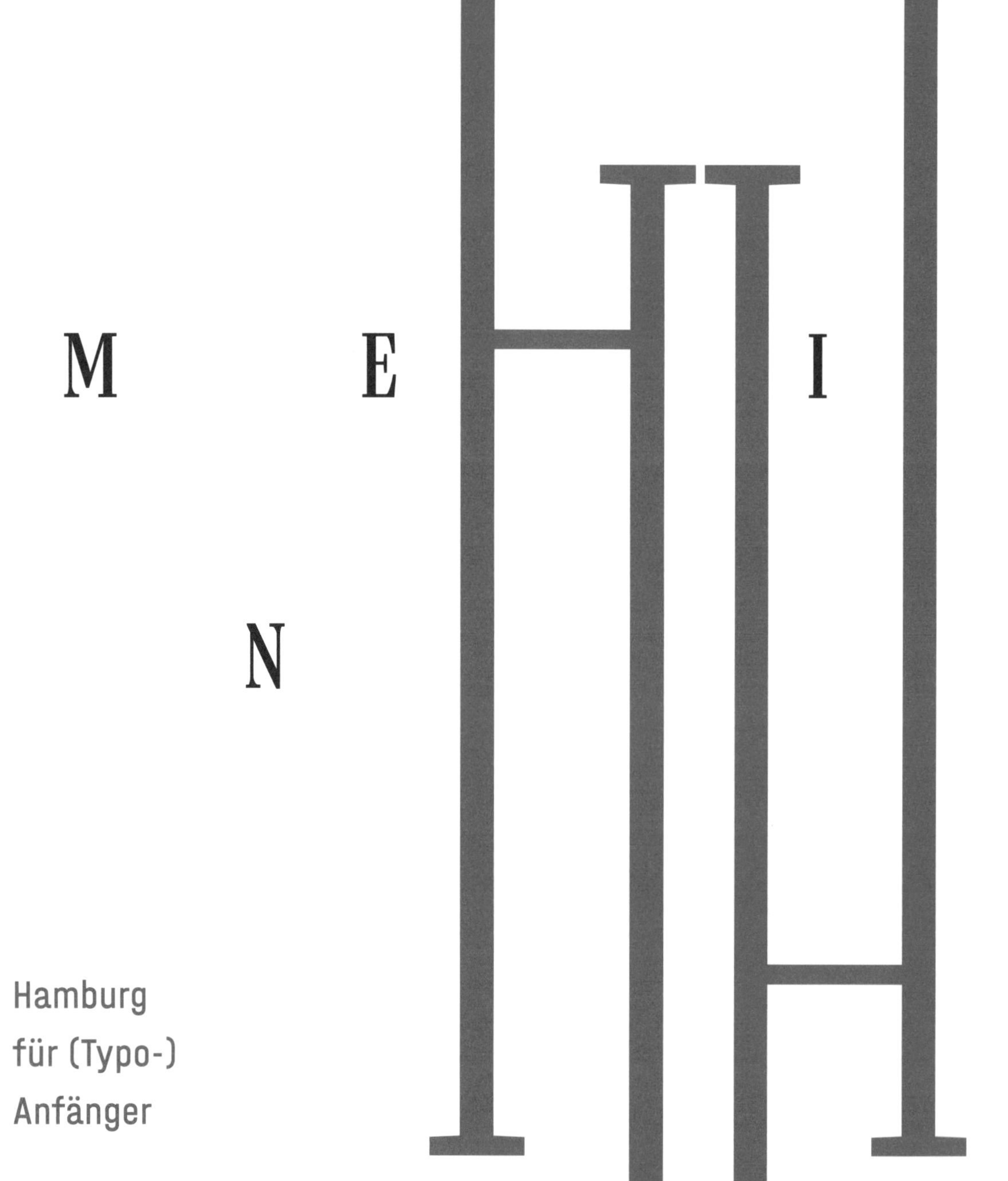

Hamburg
für (Typo-)
Anfänger

Die Kreativszene Hamburgs ist groß, aber wie inspirierend ist die alternative Stadtkultur wirklich? Um unseren Leser*innen einen guten Einblick in eben diese zu gewähren, haben wir ganz unterschiedlichen Menschen ähnliche Fragen gestellt. So lernten wir nicht nur Kai Merker und Alexander Ertle vom Typostammtisch, Kirsten Schmeißer von Federführend, Nilsen Thomsen, Jakob Runge und Lisa Fischbach (aka TypeMates), Gesche Cordes und deren Arbeit kennen, sondern erfuhren auch etliche – nicht nur gestalterische – Besonderheiten über die Hansestadt.

Typostammtisch

ALEXANDER ERTLE & KAI MERKER

INTERVIEW
Laura Bachmann & Stefanie Weiß

Laura Bachmann: *Wer seid ihr und was macht ihr?*
Alexander Ertle: Ich arbeite selbstständig als Kommunikationsdesigner und Dozent an einer privaten Akademie.
Kai Merker: Ich bin Kommunikationsdesigner und arbeite in der Creative Direction einer Agentur.
LB: *Wie seid ihr auf die Idee des Typostammtischs gekommen?*
AE: Als ich 2010 nach Hamburg gezogen bin, gab es leider keinen Stammtisch zu diesem Thema mehr. Dann habe ich kurzerhand das frühere Orgateam kontaktiert und schnell war der Typostammtisch wiedergeboren. Heute kommt ein ganz gemischtes Publikum, sowohl alte Hasen als auch Nachwuchs-Typografen.
Stefanie Weiß: *Das heißt also, der Typostammtisch ist nicht aus der Hochschule heraus entstanden, sondern unabhängig davon.*
AE: Genau. Ich spreche eben gerne über Typografie und mit sich alleine kann man das nicht so gut. Und da dachte ich, so ein Typostammtisch ist genau der richtige Ort dafür.
SW: *Warum sollte man den Typostammtisch kennen?*
AE: Was alle Typostammtisch-Besucher vereint, ist, dass sie Nerds sind und daher offen gegenüber allem wirklich Interessanten zum Thema. Und man sollte ihn kennen, wenn man den fachlichen, tiefgründigen Austausch darüber sucht.
LB: *Und abgesehen vom Stammtisch – was war euer schlimmstes Projekt?*
KM: Ein schlimmes Projekt noch zur Studienzeit war das Corporate Design für einen Dönerladen. Das hatte erst total sympathisch begonnen, gegen Ende wurde dann aber gehandelt wie auf dem Basar. Nach Projektende hatte dann sogar das Gesundheitsamt angerufen – wegen der Zusätze auf der Speisekarte. Die hatten meine Karte weitergegeben, weil sie nicht verstanden haben, was man von ihnen will und Angst hatten, dass der Laden geschlossen wird. Aber das konnte ich dann regeln.
SW: *Du hast den Laden also auch noch gerettet!*
KM: Ja (lacht).
SW: *Und ein besonders schönes Projekt?*
AE: Ich hatte mal den Auftrag erhalten, einen Award zu gestalten. Das hatte ich vorher noch nie gemacht. Ich bin dann auch recht grafisch bzw. typografisch rangegangen und hab geschaut: Funktioniert das in der dritten Dimension? Was nimmt man da für Materialien? Es wurde dann eine Kombination aus Metall und Plexiglas in verschiedenen Farben. Das war schön, weil ich meine Expertise in eine andere Richtung lenken, aber dennoch den Anspruch aus dem Grafikdesign mitnehmen konnte.
LB: *Was sind eure klassischen Arbeitsmaterialien?*
AE: Ich zwinge meine Studenten dazu, einen Bleistift in die Hand zu nehmen, bevor sie an den Rechner gehen. Das mache ich auch selbst konsequent so.
KM: Ja, ich starte klassisch auch auf Papier und habe immer einen dicken und einen dünnen schwarzen Stift dabei.
AE: Die Umsetzung erfolgt dann mit den üblichen Kreativ-Tools eines großen Softwareunternehmens.
LB: *Warum sollte man eurer Meinung nach Hamburg besuchen?*
AE: Jedes Viertel hat seinen eigenen Charakter, einen eigenen Charme und dort wohnen dann natürlich auch ganz unterschiedliche Leute. Hier existiert schon eine ziemliche Vielfalt auf relativ kleiner Fläche. Was sich auf jeden Fall zu besuchen lohnt, sind die vielen Musikclubs.
SW: *Wie sähe ein perfekter Tag in Hamburg aus, wenn man nur 24 Stunden hätte?*
KM: Ich bin aktuell ja Fan vom *Lily of The Valley*. Dort bekommt man bis Mittags leckeres Frühstück.
AE: Wenn man ein Tagesticket vom HVV hat, kann man auch die Fähren nutzen und dann zum Beispiel zum Elbstrand fahren oder auf die andere Elbseite nach Finkenwerder. Am Nachmittag noch ein bisschen bummeln gehen und abends schön essen gehen oder auf ein Konzert.
SW: *Habt ihr einen Lieblingsschriftzug in Hamburg?*
AE: Für mich ist historische Leuchtreklame eine schöne Sache, die man aber leider nur noch an wenigen Ecken findet.
KM: Hier um die Ecke gibt es eine schwarz gestrichene Backsteinfassade und darauf ist der weiße Schriftzug *Kontor*. Für mich ein Wort, dass typisch hamburgisch ist.
LB: *Was braucht man unbedingt, um in Hamburg zu überleben?*
AE: Die meisten denken wahrscheinlich einen Regenschirm.
LB: *Oder eine Windjacke.*
AE: Ja, Funktionskleidung ist auf jeden Fall sehr hilfreich.
KM: Geld ist auch nicht unwichtig. Eine Regenjacke und mehr Geld als erwartet.
LB: *Und wo gibt es die allerbesten Fischbrötchen?*
AE: Schon am Fischmarkt, aber nicht auf dem, der am Wochenende sonntagmorgens stattfindet, sondern bei den ganzen Fischimporteuren, die oft auch Bistros davor haben.

Feder führend

KIRSTEN SCHMEIẞER

INTERVIEW Stefanie Weiß

Stefanie Weiß: *Wer bist du und was machst du?*
Kirsten Schmeißer: Ich bin Inhaberin von Federführend, einem Online-Shop für Kalligrafie-Bedarf, also Künstlerbedarf im engen Sinne: Kalligrafie, Schriftkunst und schönes Schreiben, für Menschen, die gerne schreiben.
SW: *Und bist du Hamburgerin?*
KS: Also geboren bin ich tatsächlich nicht in Hamburg. Seit 1989 bin ich jetzt aber fest in Hamburg, habe jedoch auch davor, in meiner Kindheit, schon ein paar Mal in Hamburg gewohnt und immer einen engen Bezug dazu gehabt. Ist meine Stadt, definitiv.
SW: *Wie war dein Werdegang?*
KS: Mein Werdegang ist bunt. Ich habe eine klassische Ausbildung zur Bürokauffrau und ein Studium - Betriebswirtschaft - absolviert, und daraufhin lange in einem IT-Unternehmen gearbeitet. Als meine Kinder etwas größer waren, wollte ich nach einer Pause wieder in den Beruf einsteigen. Das war schwierig, weil man in dem Bereich eigentlich mindestens fünfzig Stunden pro Woche arbeiten muss. Also habe ich mir überlegt, was ich gerne mache: Das Verkaufen fand ich super spannend. Und dann habe ich überlegt, ob man nicht einen Online-Shop aufmachen könnte. Auf Umwegen und über das Hobby bin ich zur Kalligrafie gekommen; ich habe festgestellt, dass es in Deutschland noch so gut wie nichts mit Kalligrafie gibt, abgesehen von Geschenke-Sets. Nach reichlicher Recherche hat sich gezeigt, dass da eine regelrechte Lücke ist. Außerdem ist die Kalligrafie gerade wieder in der DIY-Szene größer geworden, nicht nur bei den Künstlern. Da hatte ich also eine Nische gefunden und habe den Schritt in die Selbstständigkeit gewagt.
SW: *Warum sollte man dich kennen?*
KS: Jeder, der gerne schreibt, sollte mich kennen. Jeder, der gerne mit Schrift zu tun hat, sollte mich kennen. Ich habe mit meinem Shop in Deutschland fast ein Alleinstellungsmerkmal. In meinem Shop findet man fast alles, was es zum Thema Kalligrafie und Schönschrift gibt, beispielsweise auch viele Federn aus dem Ausland, die andere nicht anbieten.
SW: *Warum sollte man nach Hamburg kommen?*
KS: Hamburg ist das Herz der Welt! Hamburg ist liebenswert, Hamburg ist bunt, von den Einwohnern und von der Stadt her. Jeder Stadtteil ist anders, aber fast jeder ist in sich irgendwie schön. Besonders in der Mitte gibt es von allem etwas. Es gibt zum Beispiel den Stadtteil Eimsbüttel, den finde ich so toll, weil es dort so quirlig und lebendig ist, alles lebt friedlich zusammen. Außerdem ist Hamburg sehr grün und liegt am Wasser, das ist für mich persönlich ganz wichtig.
SW: *Wie sieht ein perfekter Tag in Hamburg für dich aus?*
KS: Ein perfekter Tag ist für mich, wenn man entspannt aufstehen kann und dann ans Wasser fahren kann, die Alster oder die Elbe hoch. Wenn man sich treiben lassen, einen Kaffee trinken, Leute beobachten, am Wasser sitzen, spazieren gehen und kuriose Läden raussuchen kann. Das finde ich auch so schön, dass es in Hamburg immer mehr Läden gibt, die wirklich noch inhabergeführt sind.
SW: *Welcher Ort in Hamburg inspiriert dich in gestalterischer Hinsicht am meisten?*
KS: Ich selber gestalte kaum - ich bin ja keine Kalligrafin, ich mache das wirklich nur im Hobby-Sektor. Aber was mich wirklich immer inspi-

riert, ist das Wasser. Die Speicherstadt finde ich gigantisch schön, da flirrt so viel, es mischt sich das Moderne mit dem Alten. Da hat man dann zum Beispiel die alten Buchstaben an den Speichern dran und unten drin ist ein schicker, moderner Laden, der auch einen ganz klassischen *Capital-letters-Schriftzug* dran hat. Der beißt sich dann vielleicht mit dem Schriftzug oben ein bisschen, aber eigentlich passt es dann doch wieder zusammen, weil es so vielfältig ist.

SW: *Was braucht man, um in Hamburg zu überleben?*

KS: Ich glaube, die Ruhe weg, weil es doch eine sehr lebendige Stadt ist. Und Zeit sollte man mitbringen.

SW: *Was muss man hier unbedingt gegessen oder getrunken haben?*

KS: Den Kaffee natürlich, ganz klar. Wir sind eine alte Speicherstadt mit Kaffee- und Teespeichern und da ich eine alte Kaffeetante bin, finde ich, dass man die Kaffeevielfalt hier sehr genießen sollte.

SW: *Und wo gibt's das beste Fischbrötchen?*

KS: Ich weiß nicht, wer hier Fischbrötchen isst, außer der Touristen.

WWW.FEDER-FUEHREND.DE

INTERVIEW Jasmin Jonietz & Charlotte Diedrich

Type Mates

NILS THOMSEN
JAKOB RUNGE
LISA FISCHBACH

Jasmin Jonietz: *Wer seid ihr und was macht ihr?*

Nils Thomsen: Ich bin Nils und habe in Kiel an der Muthesius Kunsthochschule und in den Niederlanden an der Königlichen Akademie der bildenden Künste von Den Haag studiert. Ich habe acht Jahre lang in Hamburg gewohnt und bin aber letztes Jahr zurück in meine Heimat gezogen. In Hamburg habe ich mein Berufsleben gestartet und bin hier selbstständig geworden.

Jakob Runge: Ich bin Jakob und komme aus Hessen, also aus der Mitte von Deutschland. Fürs Kommunikationsdesign-Studium bin ich in Würzburg gelandet und habe dort meine Frau kennengelernt. Wir sind dann zusammen nach Kiel gezogen, damit ich den Master machen kann. Als Nebenjob habe ich ab und zu in Hamburg bei einer Agentur gearbeitet und hätte mir danach auch gut vorstellen können, nach Hamburg zu ziehen, aber meine Frau konnte nach ein paar Jahren im Norden ihren Ortsjoker voll ausspielen. Seit sechs Jahren wohne ich jetzt in München, daher habe ich mit Hamburg weniger zu tun, außer, dass ich den Ort schön finde.

Lisa Fischbach: Ich bin Lisa, komme aus Kiel und habe dort im Bachelor Grafikdesign studiert. Nach dem Studium habe ich in Hamburg als Grafikdesignerin in der Designagentur Format Design Visual Identities gearbeitet. Für mein Masterstudium bin ich nach England gezogen und habe 2014 meinen Abschluss in Schriftgestaltung an der University of Reading gemacht. Jetzt bin ich offiziell Teil von TypeMates und tatsächlich die einzige von uns dreien, die in Hamburg wohnt.

JJ: *Und was macht die TypeMates als Ganzes quasi aus?*
NT: 2015 haben Jakob und ich TypeMates in Hamburg gegründet. In der Zeit habe ich in Hamburg gelebt und gearbeitet. Wir beide waren seit zwei Jahren als Schriftgestalter selbstständig tätig und haben uns dann zusammengeschlossen, um stärker auftreten zu können. Jeder von uns hatte damals vier Schriften designt, zusammen hatten wir dann acht. Einerseits hatten wir gehofft, dass wir gemeinsam einen besseren Eindruck auf potenzielle Kunden machen und dadurch Aufträge bekommen. Auf der anderen Seite wollten wir uns gegenseitig bei unserer Schriftgestaltung beeinflussen, inspirieren. Nun ist unser Unternehmen vier Jahre alt oder jung und gut gewachsen. Seit letztem Jahr sind wir mit Lisa im Gespräch und haben sie immer mehr in unsere Arbeit und in die Firma integriert. Jetzt ist sie offiziell unsere Geschäftspartnerin und Mitglied der TypeMates.
JJ: *Warum sollte man euch kennen?*
NT: Wir sind durch unsere Größe und durch unsere verschiedenen Standorte schnell und flexibel. Außerdem haben wir keine komplizierte Buchhaltung und können uns schnell an die Arbeitsprozesse unserer Auftraggeber anpassen, da wir so mehr wie ein Team funktionieren, welches sie dazubuchen als eine externe Firma.
JR: Man kann sich bei uns direkt mit dem Designer absprechen. Beim Treffen mit Projektmanagern können bestimmte Probleme angesprochen werden und wir bemühen uns, im Gespräch direkt eine Lösung dazu zu finden. Wir haben die Erfahrung gemacht, dass viele Kunden deswegen auf uns zukommen und sagen: *Wir wollen nicht den großen Weg nehmen, sondern eben direkt und schnell ein sichtbares Ergebnis sehen.*
Und weil wir so klein und agil sind, sind wir auch günstiger. Es gibt aber auch Situationen, wo wir Kunden gesagt haben, dass wir es nicht übers Herz bringen können, den Preis zu senken.
LF: Wir sind in den Projekten nämlich ziemlich involviert und leidenschaftlich dabei. Wenn wir selber merken, dass wir es so nicht machen wollen, weil wir nicht dahinter stehen können, fangen wir nochmal an alles zu durchdenken.
JR: Der Hauptbenefit bei uns ist unsere Leidenschaft.
NT: Für uns ist es nicht nur einfach eine Dienstleistung, sondern wir wollen wirklich das Beste liefern und denken quasi mit, auch wenn das nicht gefordert ist, um die bessere Lösung zu finden. Wenn die Kunden von vorneherein sagen: *Wir wollen eigentlich das*, machen wir uns Gedanken darüber und hinterfragen erst einmal.
Charlotte Diedrich: *Warum sollte man eurer Meinung nach unbedingt nach Hamburg kommen?*
LF: Weil wir einen Strand in der Stadt haben, das ist eins der besten Argumente. Hamburg hat einen ganz besonderen Charme. Man sieht alles: den Jungfernsteg, wo alle mit ihrem Geld um sich schmeißen, den bodenständigeren Hafen oder das Rotlichtviertel. Da wird nichts versteckt und es gibt kein *das darf in der Innenstadt nicht sein*, sondern es ist einfach so, wie es ist. Jeder kann sich hier in der Stadt überall heimisch fühlen und das finde ich ziemlich cool an Hamburg.
NT: Vieles ist hier nicht erlaubt oder nicht erwünscht in der Stadt, aber der Hamburger macht's einfach. In München gibt es Straßenmusiker, die eine zulässige Genehmigung brauchen, aber hier kann in jeder Ecke jemand spielen. Man würde es nicht schaffen, alles zu reglementieren, Straßenmusik und Obdachlose zu kontrollieren, da würde jeder Hamburger sagen: *Nein, jeder Mensch kann hier so sein wie er will.* Man sagt ja, dass Hamburg eigentlich der Hafen von Deutschland ist. Die Schiffe laufen hier ein und aus und es mangelt nicht an Internationalität.

Jakob Runge

CD: *Wenn man in Hamburg ist, was muss man unbedingt gegessen oder getrunken haben?*

LF: Man muss auf jeden Fall Fritz-Cola trinken. Den ganzen Tag, damit man wach bleibt, wenn man so wie ich keinen Kaffee trinkt. Ich glaube viele Hamburger würden sagen, man muss unbedingt Mexikaner trinken, finde ich jetzt nicht so toll, aber es ist auf jeden Fall so ein Hamburger Ding.

NT: Das Karo Fisch in der Feldstraße in St. Pauli. Da kann man aufs St. Pauli Stadion gucken, hat den Flair und isst Fisch. Dort sind die Hamburger flanieren. Es ist ein kleiner Imbiss, hat aber Restaurant-Charakter, also eine Mischung aus beidem. Ich glaube, den betreiben sechs iranische Männer, das hat einen Anfängercharme, aber die machen das mit vollem Herzblut.

CD: *Wofür lohnt es sich, in Hamburg mitten in der Nacht aufzustehen?*

NT: Um ein Jägerschnitzel oder ein Eibrötchen um 7.00 Uhr bei Erika's Eck zu essen. Die haben von 17.00 bis 7.00 Uhr auf.

LF: Ich würde nicht sagen, dass es sich lohnt, dafür aufzustehen, sondern dafür lohnt es sich, wach zu bleiben. Bevor man vom Feiern nach Hause geht, lieber da noch einmal vorbeischauen, als schlafen zu gehen.

JR: Das ist tatsächlich das, was mich an Hamburg reizt. Es ist dieser multikulturelle Touch, diese unbändige Kreativität, die man auch aus Berlin kennt, aber auch das, was München ausmacht: das Strukturierte, dass man es unweigerlich schaffen muss, Leidenschaft und Realität mit Konzept und wirtschaftlichem Interesse zu verbinden. Daneben finde ich tatsächlich auch das Essen in Hamburg cool, weil es in München schon sehr bodenständig ist, die Stadt fühlt sich weniger urban an. Es ist schön, dass Hamburg beides vereint.

CD: *Und wie würdet ihr die perfekten 24 Stunden in Hamburg verbringen?*

NT: Natürlich morgens erst einmal auf den Fischmarkt. Ein Fischbrötchen essen und dann Kaffee bei Jessys Café trinken. Danach eine Hafenrundfahrt, um sich noch einmal auszuruhen, anschließend in der HafenCity landen und dann noch ein Selfie vor der Elphi (Elbphilharmonie) machen. Man muss sich die neuen futuristischen Gebäude ansehen und durch den neuen Stadtteil, wo man sich in einer ganz anderen Welt fühlt, schlendern. Weiter zum Chilehaus, was so ein schönes architektonisches Meisterwerk ist, und sich da einmal umsehen.

LF: Und dann an der Alster lang, weil es da immer schön ist. Aber dann würde ich auch ganz schnell Richtung Karoviertel und St. Pauli abdriften. Das schöne an Hamburg ist, dass du den perfekten Tag tatsächlich zu Fuß machen kannst. Man läuft in der einen Ecke los, macht eine Riesenrunde am Hafen entlang und wieder zurück und du denkst dir immer wieder: *Wie schön ist es hier oben.* Das finde ich total toll an Hamburg, es ist eine Großstadt, die du, wenn du nicht lauf-faul bist an einem Tag komplett abdecken kannst.

Trotzdem findet man an jeder Ecke auch etwas zum Ausruhen wie zum Beispiel ein Café. Dann gibt es auch Open-Air Konzerte, die zufällig dort sind, wo du dich auch gerade befindest. Es gibt immer etwas zu entdecken und das finde ich schön, du kannst einfach loslaufen.

& Lisa Fischbach

WWW.TYPEMATES.COM

Hamburg 1970 —1979

GESCHE-M. CORDES

INTERVIEW
Stefanie Weiß

Buchumschlag, 1975

Stefanie Weiß: *Wer sind Sie und was machen Sie?*
Gesche Cordes: Mein Name ist Gesche Cordes, ich lebe mit meiner Familie in Hamburg und bin von Beruf Fotografin.
SW: *Wie sind Sie auf die Idee gekommen und was treibt Sie an?*
GC: Die Fotografie hat mich interessiert und ich lernte in Berlin an der Lette-Schule den Beruf der Fotografin.
SW: *Welchen Beruf hatten Ihre Eltern für Sie geplant?*
GC: Ich konnte meinen Beruf wählen ohne Vorgaben meiner Eltern.
SW: *Was war Ihr schönster Job?*
GC: Der schönste Job ist - wenn Fotografierte, die Kunden und ich zufrieden sind.
SW: *Für wen fotografieren Sie?*
GC: Für Institutionen, Zeitungen und Verlage.
SW: *Was verbindet Sie mit Hamburg?*
GC: Meine Familie und meine Freunde.
SW: *Warum sollte man Ihrer Meinung nach Hamburg kommen?*
GC: Eine Stadt am Wasser hat ein besonderes Licht.
SW: *Welcher Ort in Hamburg inspiriert Sie in gestalterischer Hinsicht am meisten?*
GC: Der Altonaer Balkon (im Stadtteil Altona) mit dem weiten Blick auf das glitzernde Wasser des Köhlbrands, ein Arm der Elbe. Danach ein Besuch in der Kunsthalle das Gemälde vom Köhlbrand (1911) des Malers Lovis Corinth ansehen.
SW: *Wenn Sie eine Sache in Hamburg verändern könnten, was wäre das?*
GC: Ich gehe gerne zu Fuß: keine Autos und Radfahrer auf Gehwegen.
SW: *Wofür lohnt es sich, in Hamburg mitten in der Nacht aufzustehen?*
GC: Auf den Turm der St. Michaelis Kirche steigen.

Alle Fotografien entstammen dem Bildband *Hamburg 1970 bis 1979*, der 2019 erschienen ist (Edition Pickhuben).

Schauerleute vor dem Kaispeicher A / 1975

»Ich ging damals früh morgens in den Hafen, da im Radio dazu aufgerufen worden war, dass am nächsten Tag Arbeiter im Hafen gebraucht würden. Die Arbeiter waren amüsiert, als ich mit meiner Kamera erschien.«

»Ich mag das Wasser, Elbe und Alster. Da gibt es so ein schönes Licht und eine Weite.«

Neumühlenkai / Schuppen 74-75 / 1971

Schauerleute vor dem Kaispeicher A / 1975

»Manchmal erhält ein Foto erst im Nachhinein eine Bedeutung: Das Titelfoto meines Buches ist deshalb so interessant, weil jetzt die Elbphilharmonie dort steht und es die Schauerleute nicht mehr gibt.«

Harrys Hafenbasar / St Pauli / 1970

»Nach wie vor stellt sich die Frage, ob Fotos auch Kunst sind. Ich wollte mit meiner Fotografie etwas aufzeigen. Wenn Inhalt und Aussage stimmen und das Foto berührt, dann hat es für mich die Aura der Kunst.«

Bank mit Elbblick / Vorsetzen / 1973

Spitalerstraße / 1977

»Eigentlich kann man jeden Ort in ein Motiv verwandeln.«

Ein Justizminister ist schwanger / 1971

»Es geht um den Augenblick. Und für mich um Menschen.«

Wiefel und Jürge
multidisziplinäres
Thinktank in Ham
sich zusammensch
RIM und dem Gud
sich Gudberg Ner
als Begegnungsor
und Medien von
össischer Kunst

...em von Jan Mue...
Nerger gegründe...
Designstudio und...
burg. Entstanden d...
s der Agentur Ne...
rg Verlag, bezeich...
er als Ideenschmi...
für Menschen, Ma...
n Hintergrund ze...
nd Kultur

TEXT Anne Dreesbach

Thinktank mit schwarzen Wänden

Bücher und Magazine aus den Bereichen Kunst, Architektur, Fotografie, Illustration, Reisen, Lifestyle oder Design verlegt. Gudberg Nerger richtet Kunstausstellungen aus und betreibt einen (Online-)Shop für Independent-Magazine, Bücher und Lifestyle-Produkte.

Ob Shop, Treppenhaus oder Büro - schwarze Wände als verbindendes Element und Projektionsfläche für kreative Ideen.

Jan Mueller-Wiefel, einer der Gründer von Gudberg Nerger.

Unsere Begeisterung für das Designstudio hat wirklich nur am Rande damit zu tun, dass in dessen Shop auch unser Typotopografie-Magazin verkauft wird. Faszinierend ist vor allem die Bandbreite und Vielseitigkeit, mit der Gudberg Nerger immer wieder Grenzen und Möglichkeiten auslotet. Mueller-Wiefel und Nerger genügt es nicht, einfach nur Kommunikationslösungen oder Logos für Kunden zu entwickeln. In ihnen steckt *der Drang, Dinge nach außen zu bringen, die wir selber gut finden, Leute zu puschen, die es verdient haben, eine größere Bühne zu bekommen*. So hat es ihre Leidenschaft für hochwertige Designs und Kunst mit sich gebracht, dass es neben dem Studio auch einen Verlag gibt, in dem Bücher über Kunst, Fotografie und Design publiziert werden. Und das sorgt wiederum dafür, dass interessierte Leser*innen auf das Designstudio aufmerksam werden. Dadurch können letztendlich wieder neue Kooperationen und Projekte entstehen.

Neben dem Verlag gibt es einen Galerieraum, dessen Ziel ebenfalls darin besteht, Synergien herzustellen. So hat sich in den letzten Jahren herauskristallisiert, dass Gudberg Nerger verstärkt junge Künstler*innen präsentiert. Die Bandbreite der Ausstellungen in der Galerie, die etwa einmal im Monat wechseln, ist weit gefächert: Fotografien, Malerei, Collagen, Skulpturen. Sollte man noch erwähnen, dass die Wände ganzheitlich SCHWARZ gestrichen sind und das Toilettenpapier lila ist? Im Shop von Gudberg Nerger findet man in erster Linie Independent-Magazine, die es im Angebot klassischer Buchhandlungen nicht gibt. Auch hier liegt der Fokus darauf, Independent Publisher zu unterstützen, die meist keine großen Vertriebsmöglichkeiten im Rücken haben. Inzwischen hat sich das Angebot zu einer inspirierenden Mischung von Themen erweitert, zu denen - neben den verlagseigenen Büchern - mittlerweile auch Designprodukte gehören, die Mueller-Wiefel und Nerger zumeist über die im Shop vertriebenen Magazine entdeckt haben.

Neben Magazinen, Büchern und Designerstücken wie Taschen oder Wohnaccessoires gibt es im Shop selbstverständlich auch Postkarten - und das nötige Mobiliar um ausgiebig zu schmökern.

»MEINE KÜNSTLER WURDEN GEBOREN, UM DAS ZU TUN WAS SIE TUN. ICH ARBEITE MIT IHNEN ZUSAMMEN, WEIL SIE AUTHENTISCH SIND UND DIE FÄHIGKEIT HABEN, DAS NEUE ANZUGEHEN.«

ALEX HEIMKIND

Möchte man einen Artikel über Alex Heimkind und seine Kunstprojekte schreiben, stellt sich die Frage, womit anfangen. Und wie aufhören. Alex' Story geht immer weiter. Und Alex geht immer weiter. Er lotet Grenzen aus - der Kunst, der Erfahrung, letztendlich des Lebens. Aber das ist schon viel zu dual gedacht, zu schematisch. Jedenfalls für Alex. In Alex' Welt, geht alles ineinander über; eine Trennung verschiedener Sphären hat in seinem Universum nichts zu suchen.

TEXT Jasmin Jonietz

MOS

Die OZM Art Space Gallery im Hamburger Schanzenviertel kurz vor Abriss.

Wir treffen den Musiker, Künstler und Galeristen Alex Heimkind an einem wunderschönen Sommertag mitten im quirligen Hamburger Schanzenviertel. Nicht in einem der vollends gentrifizierten Teile des Viertels, sondern unter einer Brücke in der Bartelsstraße. Über uns rauschen S-Bahnen, neben uns wird lautstark auf einer riesigen Baustelle gearbeitet. Wo jetzt fünfzig neue Eigentumswohnungen entstehen, war vor noch gar nicht allzu langer Zeit eine der größten Street-Art-Galerien Europas, die OZM Art Space Gallery.
Hier wurden auf drei Etagen Ausstellungen von namhaften Sprayern wie WON ABC, Danny Doom, Darco FBI, Loomit und Oz gezeigt. In den Räumlichkeiten einer ehemaligen Fabrik konnten sich die Kunstschaffenden austoben, Decken, Wände und Böden in ihre Kunstwerke miteinbeziehen. Kaum ein Kunstwerk blieb in seinem eigentlichen Rahmen. Vielmehr fügten sich die besprayten Leinwände in das Gesamtkonzept des dreidimensional ästhetisierten Raums. Die käuflichen Arbeiten traten bei vielen Ausstellungen beinahe in den Hintergrund. Dieser Umstand ist es auch, der Alex Heimkinds OZM Gallery ihren ganz besonderen Zauber verlieh.

Der Widerspruch, dass eine Kunstrichtung, die sich über ihren flüchtigen und widerständischen Charakter definiert, auf Leinwand gezwängt Höchstpreise erzielt, fand hier Versöhnung. Das Haus nahm sich dem Konflikt an. Es schuf einen scheinbar unbegrenzten und kurzlebigen Raum um das bleibende, da käufliche, Objekt herum. Bot Fläche, die die Künstler*innen in dem Wissen gestalten durften, dass ihre Bemalung nicht von Dauer sein - und, wie ursprünglich gedacht, vom nächsten Sprayer zerstört und uminterpretiert werden würde. Vergänglichkeit haftete der OZM Gallery aber auch auf anderer Ebene an. Schon lange vor ihrem Abriss stand nämlich fest, dass das Haus dem Untergang geweiht war. Keiner wusste, wann der Zeitpunkt kommen würde, an dem die Bagger anrücken würden. Aber dass sie kommen würden, war klar. Alex Heimkind hätte niemals damit gerechnet, die Galerie fast eine Dekade am Laufen zu halten. Aber er nahm jede weitere Verlängerung des Mietvertrags dankend und voller Tatendrang zur Kenntnis.

»MAN GEHT ÜBER DAS MASS DER DINGE, ABER DAS IST EINE ENTWICKLUNG.«

OZ

LOOMIT — MIR

GERBOS

3-D-Ansichten der OZM Gallery, die auch online einsehbar sind.

DARCO FBI

Selbstporträt von Alex Heimkind im Dachboden der OZM Gallery, die er zum Raumschiff/U-Boot umgestaltet hat.

Und das nicht nur, weil die Räumlichkeiten der alten Fabrik auch ihm selbst als Heimstätte dienten. Denn Alex hatte sich im Obergeschoss sein eigenes kleines Reich geschaffen. In dem zum Raumschiff/U-Boot umgestalteten Dachboden konnte er seinen Ideen - und davon hat er viele - freien Lauf lassen. Die überbordend künstliche Atmosphäre wirkte auf ihn stimulierend: Hier arbeitete er an seiner Musik, drehte Videos und lebte so nebenbei. Das vollkommene Ineinander-Übergehen von Leben und Kunst diente als Katalysator seiner kreativen Energie.
So absurd es klingen mag, Alex umarmte dennoch den Gedanken, dass es jeden Moment vorbei sein könnte. Denn dann - selbst wenn es gerade am schönsten ist - würde etwas Neues kommen. Für ihn, aber auch für seine Künstler*innen. Und das Ende kam tatsächlich mit einem Knall - einem kreativen Leuchtfeuer, das nicht nur bei *ARTE* Erwähnung fand. Eines der letzten Kunstwerke, das hier entstand, sollte eines der aussagekräftigsten und beeindruckendsten in der Geschichte der OZM Gallery werden: Ein riesiges Wandgemälde, das sich über die gesamte Front des Gebäudes zog. Darauf zu sehen: eine startende Rakete und ein Phönix. Acht Tage und bei Schneeregen hatte Sprayer Won ABC an diesem sinnbildlichen Kunstwerk gearbeitet. Der Einsatz war es wert: Dem Ende der Galerie zum Trotz deuteten alle Zeichen auf Neuanfang. Die nunmehr knallbunte Häuserfront war zur Hommage an Alex Heimkinds Kunstschaffen geworden. Ein Schaffen, dem ein kontinuierliches Weitermachen und Sich-Neuerfinden eingeschrieben ist.
Statt Enttäuschung, Trauer oder Wut darüber zu empfinden, dass es schließlich zu Ende gehen musste, sieht Alex die positiven Seiten. Die OZM Art Space Gallery war ein Projekt, zeitlich begrenzt und gerade deshalb so gelungen.
Bevor der Ort zur Institution werden konnte, war er schon Geschichte. So wird der Galerie für alle Zeit der unkontrollierte Geist eines Provisoriums anhaften. Und das Haus wird - Alex sei Dank - niemals in Vergessenheit geraten. Weitblickend hat er dafür gesorgt, dass Kunstliebhaber*innen auf der ganzen Welt weiterhin die OZM Art Space Gallery besuchen können - und zwar virtuell.

Jasmin testet den virtuellen Rundgang mit 3-D-Brille.

»ICH HÄTTE MIR ALLES, WAS GEKOMMEN IST, SO NICHT VORSTELLEN KÖNNEN. ABER ES IST ALLES PASSIERT.«

*Physisch ist die OZM Geschichte, aber Alex Heimkind ist ein Tausendsassa und er wird schon bald in Hamburg ein neues spektakuläres Projekt mit und für Künstler*innen umsetzen.*

Etliche 360°-Aufnahmen ermöglichen es, auch zukünftig durch die Galerie zu schlendern, ob mit oder ohne VR-Brille.

Und auch in echt werden viele der Graffiti-Kunstwerke demnächst wieder zu bestaunen sein. Nämlich genau dann, wenn Alex einen weiteren künstlerischen Coup landet. Die Idee ist einfach - raus aus der Fabrik, rein in den Container. Der erste 40-Fuß-Container steht bereit, um den Kunstwerken, die einst in der OZM Gallery ihren Platz hatten, ein neues Zuhause zu schenken. Viele weitere Container sollen folgen. Die Stadt Hamburg hat sich bereit erklärt, Alex eine Fläche für sein nächstes Großprojekt im Schanzenviertel zur Verfügung zu stellen. Ein Container-Dealer, der für die Hardware sorgt, ist gefunden. Jetzt muss die erträumte Container-Kathedrale nur noch Wirklichkeit werden. Aber daran besteht kein Zweifel, wenn Alex Heimkind involviert ist. Der Container mit der Seriennummer *OZM 0.1* dient als Kommandozentrale für die weitere Planung. Und - wie sollte es bei Alex anders sein - ist sein vorübergehender Standort beschreibend: Aufgestellt unter besagter Brücke in der Bartelsstraße, die Vergangenheit im Rücken, mit Blick in die Zukunft.

2018 musste die OZM Gallery einem Neubau weichen.

INTERVIEW Laura Bachmann & Stefanie Weiß

Keine Frage der Moral

Im Gespräch mit Claudia Gerdes

Als promovierte Historikerin kam Claudia Gerdes eher fachfremd zur *PAGE*. Dass sie aber neben ihrer wissenschaftlichen Ausbildung auch mit einem ausgeprägten Sinn für Gestaltung und Design punkten kann, beweist sie dort schon jahrelang. Im Gespräch mit Laura Bachmann und Stefanie Weiß berichtet sie über die Geschichte der Typografie, die Anfänge von *PAGE*, das Magazin heute und auch über ihre eigenen Wurzeln.

Claudia Gerdes ist in Namibia geboren, in Spanien aufgewachsen und hat später einige Jahre in Mexiko und Venezuela gelebt. Inzwischen ist sie aber längst in Hamburg als freie Designjournalistin heimisch geworden. Für PAGE untersucht sie mit Vorliebe visuelle Trends und behält den internationalen Designbuchmarkt im Auge. Zu ihren thematischen Steckenpferden gehören Fotografie und Illustration, insbesondere Letzterer versucht sie in Deutschland zu mehr Geltung zu verhelfen. Außerdem beantwortet sie jeden Monat im Heft eine »Moralfrage« zu strittigen Themen aus der Design- und Medienwelt – mit deutlichem Augenzwinkern.

Laura Bachmann: **Wie bist du zu PAGE gekommen?**
Claudia Gerdes: Ich bin eine totale Quereinsteigerin. Eigentlich bin ich promovierte Historikerin und habe irgendwann angefangen bei *PAGE* zu jobben.
LB: **Als freie Redakteurin?**
CG: Ja, sogar als Textredakteurin und damals – frühe 90er-Jahre – habe ich zum ersten Mal das Wort Typografie gehört. Ich fand das so spannend, dass ich gleich angefangen habe – ganz mutig –, eine Geschichte der Typografie in sechs Teilen zu schreiben. Ich habe mich richtig hineingekniet, wie man es als Historikerin so macht, solide recherchiert und die Artikel erschienen über ein Jahr hinweg alle zwei Monate im Heft. Jüngst haben wir genau diese Geschichte lustigerweise wieder aufleben lassen und noch mal in *PAGE* veröffentlicht, weil wir dachten, dass es eigentlich sehr wertvoller *Content* ist.
Das war mein Einstieg und dann habe ich angefangen, als Journalistin für verschiedene Magazine zu arbeiten, *Architektur & Wohnen*, die Zeitung *Die Woche* und auch für *PAGE*. Am Anfang war *PAGE* noch ein Desktop Publishing Magazin. Das war damals eine Revolution, man konnte nämlich plötzlich am Computer eigenhändig Publikationen entwerfen und diese dann drucken lassen. Das heißt, du konntest vom Desktop aus publizieren. Das war eigentlich der Anfang von *PAGE*. Im Heft ging es sehr stark um Technik, es gab die ersten Programme wie QuarkXPress und Photoshop, das war der absolut neueste, heißeste Scheiß. Wir haben darüber berichtet und über die Leute, die damit gearbeitet haben, sowie die Projekte, die damit entstanden sind. Dann hat sich *PAGE* vermehrt in Richtung Design orientiert und ab diesem Moment bin ich stärker eingestiegen, seitdem bin ich dabei. Unsere Chefredakteurin ist studierte Grafikdesignerin, aber die Redakteure, die Autoren, also diejenigen, die die Texte schreiben oder auch die Texte von externen Autoren betreuen, sind meistens keine ausgebildeten Grafikdesigner. Zum Beispiel Antje, unsere Typo-Expertin, ist Kulturwissenschaftlerin. Es ist eben nicht unbedingt so, dass die Gestalter selbst Redakteure sein wollen. Ich denke mal, wenn du Design studiert hast,

»Mich hat fasziniert, wie sich der Zeitgeist immer in der Typografie widerspiegelt.«

willst du eher designen, als nur über Design zu schreiben. Von daher erklärt sich, dass wir als Redakteure nicht unbedingt ausgebildete Designer sind, aber aufgrund der langjährigen Erfahrung doch sehr tief in der Materie stecken.

LB: **Was hat dich damals an Typografie so fasziniert, dass du beschlossen hast, eine Geschichte darüber zu schreiben?**

CG: Ich fand die Entwicklung von der Frakturschrift angefangen bis zu den Sixties wahnsinnig interessant. Die Geschichte der Typografie, die ich damals verfasst habe und die wir in überarbeiteter Form wieder publiziert haben, fängt 1900 an und behandelt den ganzen Modernismus, der seither alles revolutioniert hat. Ich hatte von unserem damaligen Chefredakteur das Buch *Die neue Typographie* von Jan Tschichold geschenkt bekommen, ein absoluter Klassiker. Dieses Buch hat mich damals unglaublich fasziniert, weil ich nicht nur angefangen habe, Typografie zu verstehen, sondern auch den Modernisierungsimpetus, den er hatte. Tschicholds Streben, alles klar, funktional und lesbar zu machen und unter den ganzen Schnörkelkram, der davor grassierte, einen Schlussstrich zu setzen. Aber dann folgte die NS-Zeit, und es ist sehr interessant, was die Nazis wiederum mit der Typografie gemacht haben. Die hatten ihren ganz eigenen Umgang damit, im Grunde haben sie moderne Gestaltungsmittel auf teilweise sehr reaktionäre Inhalte angewandt. Es gab explizite Nazi-Schriften wie die Tannenberg, die von vornherein solche *völkischen* Namen hatten (in Tannenberg hatte eine berühmte Schlacht des Ersten Weltkriegs stattgefunden). Diese Schriften nennt man Grotesk-Fraktur, weil sie reduzierte Formen haben, aber gleichzeitig fast aggressiv, soldatisch daherkamen. Mich hat fasziniert, wie sich der Zeitgeist immer in der Typografie widerspiegelt. Mit ähnlichen Themen hatte ich mich auch schon in meiner Doktorarbeit in Geschichte beschäftigt. Von daher war die Recherche für diese Artikel eigentlich mein Einstieg in die Typografie, da habe ich mir selber sozusagen einen Grundkurs verabreicht.

LB: **Deine persönliche Geschichte klingt aber auch spannend: Wir haben gelesen, dass du in Namibia geboren wurdest.**

CG: Das ist eine lange Geschichte. Meine Mutter war halbjüdisch und mein Vater war am Attentat vom 20. Juli gegen Hitler beteiligt. Meine Eltern sind damals aus Deutschland geflohen, haben sich in Schweden kennengelernt und dort zehn Jahre gelebt, in Stockholm ist meine Schwester geboren. Von dort sind sie dann nach Namibia gezogen und da bin ich sozusagen als Nachzüglerin geboren. Danach haben wir in Spanien gewohnt, später habe ich noch viel Zeit in Lateinamerika verbracht, aber schon als Erwachsene. Also war ich immer viel in der Welt unterwegs.

Stefanie Weiß: **Spanien, Mexiko, Venezuela – und jetzt Hamburg. Wie hat sich PAGE verändert seit du dabei bist?**

CG: Wir entwickeln die Marke *PAGE* weiter, denn natürlich müssen heute Gedrucktes und Digitales ineinandergreifen. Entsprechend muss man die Inhalte auch immer gleich in allen Kanälen mitdenken. Wir verstehen uns gar nicht mehr nur als Print-Publikation, sondern eher als Know-how-Lieferanten für die Kreativbranche, egal auf welchem Wege. Außerdem haben wir einige neue Projekte. Zum einen veranstalten wir viele Seminare mit bekannten Designern, zum anderen versuchen wir mit dem *PAGE*-Connect-Programm Nachwuchs mit Unternehmen zusammenzubringen. Dabei stehen jeweils bestimmte Job-Profile im Mittelpunkt und wir arbeiten mit einem dazu passenden Unternehmen zusammen.

SW: **Was würdest du sagen: Wofür steht das Magazin heute?**

CG: Nach wie vor natürlich für visuelle Kommunikation, aber diese ist ein unglaublich weites Feld geworden. Als wir angefangen haben, war ja noch keine Rede vom Internet. Wir haben die Entwicklung aus nächster Nähe miterlebt, ich kann mich noch an die ersten CD-ROMs erinnern, das war eine Sensation. Heute gibt es viele Wege, seine Zielgruppe zu erreichen, jeder hat seine Stärken und eigenen Gesetze. Sie alle sind sowohl Thema unserer Texte als auch Teil unserer eigenen Kommunikation.

SW: **Und wie stelle ich mir deine Arbeit bei PAGE vor? Was sind so deine Themen, die du bearbeitest?**

CG: Mein Themenspektrum ist relativ breit. Ich schreibe auch die Buchrezensionen bei *PAGE*, deswegen bin ich immer auf der Buchmesse, für mich als Bücherfan natürlich eine tolle Aufgabe. Ich beobachte den Buchmarkt weltweit, weil Design-Bücher beinahe immer einen internationalen Markt brauchen, weil der deutsche Markt unter Umständen für Spezialthemen gar nicht genug Leser hergeben würde. Außerdem beschäftige ich mich mit Illustrationen und Fotografie, aber auch Webdesign ist einer meiner Themenschwerpunkte. Im Moment bereite ich zum Beispiel gerade eine Titelgeschichte über den überzeugenden Einsatz von Fotografie im Design vor – von Erscheinungsbildern über Packaging bis Webdesign.

SW: **Wie ist es: Suchst du dir deine Themen selbst aus oder werden sie dir zugeteilt?**

CG: Ich suche mir meine Themen schon selbst aus, da ich die Zielgruppe sehr gut kenne. Im Unterschied zu anderen Magazinen ist es ja so, dass die Leute, über die wir schreiben, gleichzeitig die Zielgruppe sind. Das hat zur Folge, dass du bei deiner Recherche permanent mit Designern ins Gespräch kommst. Dadurch bekommst du mit, was bei denen so abläuft. Ich würde mir sicher kein Thema aussuchen, das mich total langweilt, aber vorrangig ist erstmal, dass es den Leser interessiert. Und wir haben unsere Redaktionskonferenzen, in denen die Redakteure die Themen vorschlagen und darüber gesprochen wird. Bei Titelgeschichten ist es zum Beispiel schon so, dass wir die meistens gemeinsam entwickeln. Auch jedes andere Thema wird in der Redaktionskonferenz besprochen und noch einmal gemeinsam abgenickt oder auch nicht, bevor es in den Redaktionsplan kommt. Ich denke schon, dass die Tatsache, dass alle im Team gerne mitarbeiten, daran liegt, dass man sich einbringen kann. Wenn du nur ausführendes Organ bist, dann hast du irgendwann wahrscheinlich keine Lust mehr.

SW: **Gibt es bestimmte Projekte, die dir besonders in Erinnerung geblieben sind?**

CG: Ich mache viel Verschiedenes im Monat, sowohl Online-Artikel als auch solche fürs Heft. Unsere Branche hat eine riesige Dynamik, sodass man eigentlich immer im Moment lebt. Ich kann dir sagen, was ich im Augenblick gerade mache. Aber was im letzten Heft steht, muss ich immer relativ schnell wieder beiseiteschieben, weil sonst einfach die Festplatte bersten würde.

SW: **Woher kommt der Name PAGE?**

CG: In der Zeit war ich noch nicht bei *PAGE*, daher kann ich nur spekulieren. Es ging auf jeden Fall um die Gestaltung der Seite. Deswegen *PAGE*.

SW: **Aber die PAGE hieß auch immer schon PAGE, oder?**

CG: *PAGE* hieß immer schon *PAGE*. Unser Logo gibt's ja auch schon lange, entworfen hat es Neville Brody. Ein britischer, damals sehr bekannter Designer.

»Ich würde immer empfehlen, nehmt ein Fahrrad und fahrt damit durch die Stadt. Es gibt einfach wahnsinnig viele schöne Ecken zu entdecken.«

SW: **Du beantwortest jeden Monat im Heft die Moralfrage: Wie kamst du auf diese Idee?**

CG: Sie ist eigentlich geklaut! Es gibt doch diese Gewissensfrage im Magazin der Süddeutschen Zeitung und an einem feucht-fröhlichen Abend, an dem befreundete Designer aus Dortmund hier waren, hatten wir darüber gesprochen und meine Freunde meinten, dass wir in *PAGE* doch auch so eine Kolumne einführen könnten. Im Unterschied zum SZ-Magazin mache ich das aber eher mit einer riesengroßen Portion Ironie. Die Themen liegen mir natürlich durchaus am Herzen! Aber es soll niemals total bierernst werden, auch wenn manche Texte vielleicht weniger humorig geworden sind, als es eigentlich so für die Kolumne vorgesehen ist. Mal ist es ein bisschen tiefschürfender und mal ein bisschen witziger.

SW: **Schreiben dir die Leute oder denkst du dir die Fragen selber aus?**

CG: Die Fragen kommen von mir. Wenn ich irgendwas lese und merke, dass bei mir so ein bisschen der Puls hochgeht, dann denke ich mir: *Ha! Das könnte eine Moralfrage sein!*

SW: **Hast du einen Lieblingsort in Hamburg?**

CG: Ich würde immer empfehlen, nehmt ein Fahrrad und fahrt damit durch die Stadt. Es gibt einfach wahnsinnig viele schöne Ecken zu entdecken. Was man auf jeden Fall kennen sollte, sind Ottensen, das Karoviertel und das Schanzenviertel. Hamburg ist eine Stadt, wo man sehr gut mit dem Fahrrad fahren kann. Ich fahre auch nur mit dem Rad, ich habe gar keinen Führerschein. Um ehrlich zu sein, ich besitze zwar einen venezolanischen Führerschein und habe mir den sogar umschreiben lassen. Aber mit meinen venezolanischen Fahrkünsten habe ich mich dann doch nicht auf deutsche Straßen getraut.

»Wir haben die Entwicklung aus nächster Nähe miterlebt, ich kann mich noch an die ersten CD-ROMs erinnern, das war eine Sensation.«

»Mein Held ist nicht Herkules, sondern Sisyphos!«

Dr. Anne Dreesbach im Gespräch mit Prof. Ingo Offermanns - über Katholizismus, ein Leben ohne Porsche und warum Typografie stets Übersetzung ist.

Ingo Offermanns studierte von 1994 bis 1998 Malerei an der Akademie der bildenden Künste München und machte 2001 seinen MFA am Werkplaats Typografie in Arnheim (NL). Seit 2000 ist er als freier Gestalter mit dem Schwerpunkt Buch und Print für verschiedene Museen und Verlage im In- und Ausland tätig. Vor der Berufung an die HfbK Hamburg war Ingo Offermanns als Lehrender u. a. an der ArtEZ hogeschool voor de kunsten in Arnheim (NL) und an der Carnegie Mellon University in Pittsburgh (USA) tätig. Seit 2016 ist er Mitglied der Alliance Graphique Internationale (AGI) und seit Juni 2019 ist er Vizepräsident der HfbK Hamburg.

Ingo Offermanns: Mich freut wirklich, dass Sie es wagen, Typo-Magazine über nicht-Berlin zu machen. Inzwischen hat man ja das Gefühl, dass Design-Deutschland nur noch aus Berlin besteht – wo es natürlich eine hohe Dichte toller Gestalter*innen gibt. Aber spannende Entwicklungen an Orten wie Leipzig, München, Frankfurt, Hamburg usw. fallen dadurch leicht hintenüber.

Anne Dreesbach: Ja, doch, unsere Hamburg-Reise für das Typotopografieheft war großartig, wir haben viele interessante Leute getroffen. Wir haben überhaupt die Erfahrung gemacht, dass es überall Spannendes zu entdecken gibt. Eigentlich war bisher mit die aufregendste Stadt Kassel. Nicht nur wegen der dokumenta, sondern auch, weil wenn die Mietpreise noch relativ günstig sind, dann wagen die jungen Leute ganz andere Projekte, als es in großen Städten wie München der Fall ist.

IO: Hamburgs Kunst- und Kulturszene hat seit der Wende immer folgendes Problem gehabt: Wenn die jungen Leute ihr Diplom erhielten, waren sie schon mit einem Fuß im Zug nach Berlin. Natürlich ist es auch gut, die einzige deutsche Metropole mit ihrer Vielfalt und Dynamik in der Nähe zu haben, aber dieses Gravitationsfeld entzog Hamburg nicht wenige kreative Köpfe. Und das macht einen Unterschied zu Frankfurt, München, Köln / Düsseldorf oder auch Kassel, die nebendran nicht so viel Konkurrenz haben. Hinzu kam sicherlich, dass Hamburg immer eine vergleichsweise teure Stadt war. Inzwischen habe ich aber das Gefühl, dass Berlin sozusagen fast voll ist. Außerdem steigen dort die Mieten heftigst und sprunghafter als hier in Hamburg. Jetzt bleiben zunehmend ambitionierte, junge Leute hier, die auch experimentell arbeiten – was uns natürlich freut. Gute Beispiele hierfür sind die Büros *Liebermann Kiepe Reddemann* und *JMMP* (Julian Mader, Max Prediger).

AD: Als Münchner kann man jedenfalls beobachten, dass viele Menschen aus Berlin wieder zurückkommen.

IO: Das kann ich gut verstehen. Ich war ja auch vier Jahre in München, habe dort an der Akademie Malerei studiert und mich dort sehr wohl gefühlt. Die Museen sind auf Augenhöhe mit den Berliner oder den rheinischen Sammlungen, und auch das sonstige kulturelle Leben ist eigen und außergewöhnlich. Da musste man schon weit fahren, um Vergleichbares zu bekommen. In Hamburg spürt man dagegen schon ein wenig die Kultur der protestantischen *Pfeffersäcke*, die tendenziell immer ein gespaltenes Verhältnis zur verschwenderischen Anhäufungen von Bildern hatten. Hier gab es seit Langem keinen verrückten Potentaten mehr, der sein Erbe für die bildenden Künste verbrannt hat.

AD: Dann bin ich ja froh, dass ich im bayerischen Katholizismus lebe, wo man seinen Reichtum gerne nach außen trägt.

IO: Ja, bei lustvoll-feierlichen Ritualen und deren Bebilderung haben wir Katholiken in der Tat die Nase vorn. Aber mein Studium im calvinistischen Holland lässt mich ganz gut mit diesen Unterschieden umgehen. Und für die Typografie ist größere Abstraktion und Strenge ja durchaus förderlich …

AD: Das Museum für Kunst und Gewerbe ist aber wirklich großartig. Das gibt es in dieser Form in München jedenfalls nicht.

IO: Das ist in der Tat hervorragend. Und diese Qualität hat mit der Wertschätzung der Kaufleute für das Kunsthandwerk zu tun. Anders als die Universität, die erst vor hundert Jahren gegründet wurde, feierte unsere Kunsthochschule vor zwei Jahren schon ihr 250-jähriges Bestehen. Dieser Unterschied, der in einer weltoffenen und liberalen Stadt wie Hamburg vielleicht verwundert, ist wiederum in ihrem

Pragmatismus begründet: Die Kaufleute wollten im 18. und 19. Jahrhundert keine potenziell revolutionären Studenten in der Stadt haben, die ihren Töchtern an die Wäsche gingen. Eine Kunstakademie war aber ein Ort, an dem das Handwerk (und seine Verwertung) zur Blüte gebracht werden konnte.

Seit diesem Jahr haben wir im Museum für Kunst und Gewerbe glücklicherweise auch eine neue Direktorin, Tulga Beyerle, die neuen Wind ins Museum bringt und das Museum regional und international anders als bisher zu vernetzen weiß.

AD: Wieso gibt es aber ausgerechnet in Hamburg einen Master-Studiengang für Typografie? Braucht es das denn in einer Stadt, von der Sie selbst sagen, dass sie nicht der Mittelpunkt der Szene ist?

IO: Ich fange mal so an: Aufgrund meiner Sozialisation in der bildenden Kunst, hat mich die Lehre an einer Kunstakademie immer mehr interessiert, als in klassischen Grafikdesignkontexten. Und als ich dann den Ruf an die HFBK Hamburg bekam, musste ich auf die gegebenen Herausforderungen reagieren – also einen Bachelor- und Master-Studiengang entwickeln. Darüber hinaus sehe ich mich in Hamburg nicht isoliert, weil ich in Forschungskooperationen mit zum Beispiel der HGB Leipzig, der ABK Stuttgart und der China Academy of Art in Hangzhou (China) arbeite. Und ich hoffe, dass wir zukünftig diese Kooperationen ausweiten können.

Es ist in meinen Augen aber generell sehr wichtig, Grafikdesignlehre und -forschung auch an Kunsthochschulen zu betreiben – egal wo sich diese befinden –, weil an Kunsthochschulen Fragen zu Form und Bedeutung alternativ gestellt werden. Leider ist in den letzten Jahrzehnten zunehmend die Designlehre und -forschung an deutschen Kunsthochschulen zurückgefahren worden – pikanterweise also in den Jahrzehnten der Befreiung sozusagen, nach 68. Und damit unterscheidet sich Deutschland von zum Beispiel den Niederlanden, England, den USA oder China, wo diese starke Trennung von angewandter und freier Kunst in der Lehre nicht betrieben wird. Gerade aber in Zeiten globalisierter Wertediskurse und spätkapitalistischer Identitätsarbeit sollten unterschiedliche Arten der Befragung von visueller Sprache im Dialog fruchtbar gemacht werden.

Die HFBK Hamburg hatte allerdings immer schon – auch damals, als ich noch in München war – den Ruf a) konzeptuell zu sein und b) diese Diversität zu unterstützen. Wir haben zum Beispiel, gleichberechtigt neben Malerei, Bildhauerei und zeitbezogenen Medien, Studienschwerpunkte wie Film, Design und Grafik / Typografie / Fotografie. Und Schwergewichte wie Jorinde Voigt, Thomas Demand, Wim Wenders, Dieter Rams, Angela Bulloch oder Knoth / Renner – um nur einige zu nennen – hielten und halten den Diskurs innerhalb und außerhalb der Hochschule lebendig.

Wenn ich uns mit anderen Hochschulen vergleiche, arbeiten wir allerdings in kleinen Einheiten. Jeder Studienschwerpunkt besteht nur aus drei bis fünf Professor*innen, weswegen ich auch immer sage, dass wir eher einem Piratenschiff als einer gut organisierten Fregatte ähneln. Wir sind leidenschaftlich und haben klare Ziele vor Augen, müssen aber mit begrenzten Mitteln auskommen und transdisziplinär improvisieren. Bei genauem Hinsehen bereitet das aber wahrscheinlich bestens auf sich andauernd verändernde Lebensumstände vor …

AD: Das führt dann hoffentlich zu Typografen oder zu Gestaltern, die vielleicht ungewöhnlichere Wege bestreiten? Die Frage ist auch: Was macht den Unterschied zwischen einer Grafikdesigner- oder Typografie-Ausbildung an der Kunsthochschule im Vergleich zur Fachhochschule aus?

IO: Ich mache hier eine kleine Denkpause, weil man bei solch einer Beschreibung schnell in Klischees abrutscht, die der Arbeit an den verschiedenen Hochschulen nicht gerecht würden. Den Unterschied zu machen, dass Fachhochschulen Kaderschmieden für die Industrie und nur bei uns die Querdenker zu finden seien, funktioniert nicht. Denken sie nur an die FH Dortmund mit dem Buchlabor, die Hochschule Düsseldorf mit ihrem Institut Bild.Medien oder die Folkwang Universität in Essen.

Aber sicherlich nährt sich mein Selbstverständnis als Gestalter letztlich aus meinem Kunststudium, in dem immer nach der gesellschaftlichen Bedeutung und Relevanz von visueller Sprachproduktion gefragt wurde. Und dieses Denken hat mich niemals wieder losgelassen, denn Form produziert Bedeutung, ob man will oder nicht. Neutralität, Freundlichkeit, Moderne, Wollust, Machismo, Einfachheit, Wärme, Verzerrung, Süße, Demut, Ausgewogenheit – also alle möglichen Begriffe – bleiben dabei Verhandlungswerte. Grafikdesign gehört diesem Verhandlungsalltag an und ist darum mitverantwortlich für Teile unserer täglichen Umgangsformen. Mit anderen Worten: Grafikdesign bietet Interpretationen und Übersetzungen innerhalb und zwischen Gesellschaften. Es entwickelt kulturelle Codierungen, die ihrerseits Handlungen in den Feldern sind, die sie codieren. Daraus erwächst eine Verantwortung, die mit einer Logik standardisierter Arbeitsprozesse nicht zu erfassen ist, vielmehr ist ein verstärktes, (kultur-)kritisches und fächerübergreifendes Engagement und Nachdenken erforderlich.

Diese Feststellung ist eigentlich so zwingend wie selbstverständlich, gerade im Angesicht eskalierender populistischer Sprachverzerrung und -gewalt. Aber ich muss immer wieder feststellen, dass eine solche Sichtweise nicht zum Common Sense des Grafikdesigns gehört. Vielmehr geht es oft ausschließlich um Aufmerksamkeit, Zeitgenossentum, Signatur, Lesbarkeit und Originalität, also – verkürzt gesagt – darum, wer der*die Coolste auf dem Schulhof ist.

Diesem Unbehagen folgend versuche ich seit einigen Jahren an meiner Hochschule Theoriebildung im Grafikdesign zu betreiben, was in diesem Jahr zur Symposiumsreihe *Point of No Return* geführt hat und hoffentlich im kommenden Jahr in die Publikation *Visual Language is Not Innocent* mündet. Dabei versuche ich, Stimmen aus Gestaltung, Wissenschaft und praktischer Kritik zusammenzubringen, um sich analytisch diesem Themenkomplex zu nähern.

Es geht bei uns also verstärkt um Autorschaft, und vielleicht ist das tendenziell typisch für die Arbeit einer Kunsthochschule. Hier wird kritische Distanz, ein Kontextualisieren des Selbst und eine Relevanzbefragung der inhaltlichen Äußerung gelehrt. Die an Gestalter*innen herangetragenen Aussagen sind immer die Grundlage, der Bezugsrahmen für Gestaltung. Aber die Übersetzung und / also Interpretation dieser Aussagen lässt großen Spielraum für Autorschaft, die den gegebenen Aussagen autonom gegenübersteht. Schließlich kann jede Aussage auf sehr unterschiedliche Arten interpretiert werden. Sie können historisierend oder zeitgenössisch, ironisierend, subjektivistisch oder distanziert usw. umgesetzt werden. Sobald das Beherrschen der grafischen Mittel gewährleistet ist, muss es darum sofort um die Diskussion der interpretativen Haltung gehen, die sich zum Beispiel in einem Streben nach Einfachheit, Harmonie, Dekonstruktion, Abwesenheit oder anderem zeigt. Das ist die Ebene der grafischen Autorschaft, und es braucht kritische Übung, um mit dieser Bühne verantwortungsvoll umzugehen.

AD: Die Tendenz geht dahin, dass überall auf der Welt alles gleich aussieht – egal ob das Mode ist oder Grafikdesign oder wie Läden eingerichtet sind. Zwischen Kopenhagen und Barcelona wird man da kaum einen Unterschied finden. Und den Leuten scheint das zu gefallen und alle folgen diesem Trend, um Erfolg zu haben. Aber Sie würden trotzdem dazu auffordern, dass man sich dem widersetzt und schaut, wie der Inhalt umzusetzen ist? Und nicht, wie es in den Mainstream passt?

Hochschule
für bildende Künste
Hamburg

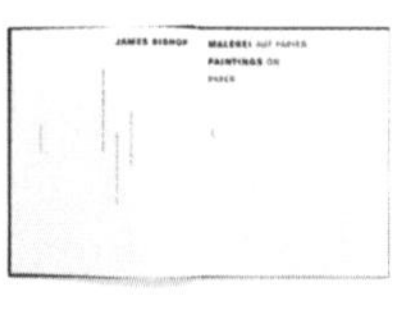
JAMES BISHOP
MALEREI AUF PAPIER
PAINTINGS ON
PAPER

Politics of
Design
OF POLITICS

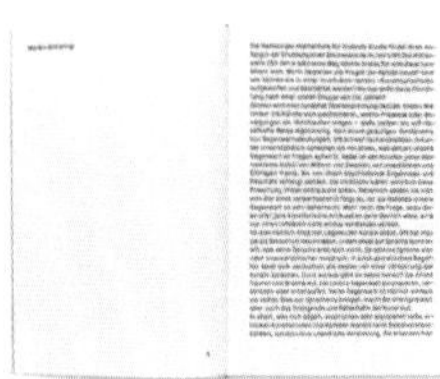

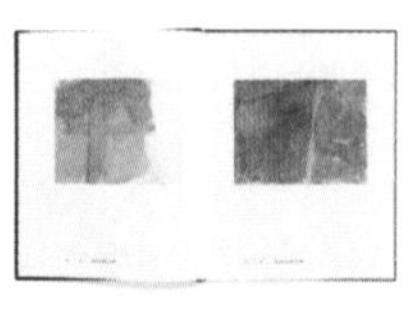

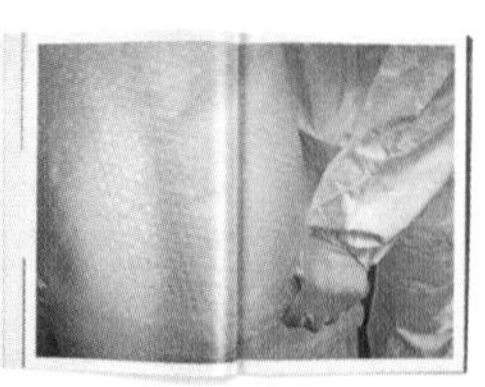

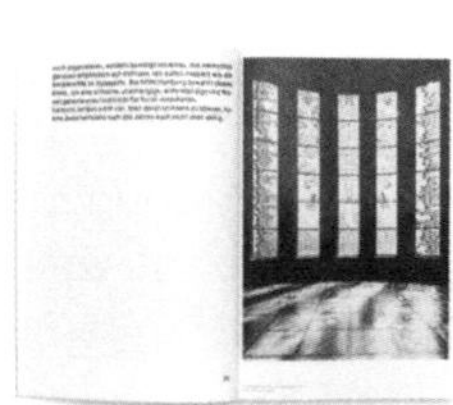

seit 1767

POLITICS OF
Design
of Politics

IO: Der Mensch neigt ja zur Rudelbildung, und in Zeiten spätkapitalistischer Brand-Globalisierung neigen wir im Westen zusätzlich dazu, einem Paradoxon zu verfallen: We are all different! In the same way ... Manchmal denke ich, dass im Grafikdesign der Glaube an das eurozentrische Esperanto-Experiment fortlebt, und ich frage mich, ob eher Bequemlichkeit als Verständigungswille Triebfeder für diesen Glauben ist. Mit Vielfalt umzugehen, bedeutet in meinen Augen, zwischen unterschiedlichen Sprachen unaufhörlich zu übersetzen, und nicht die Kommunikation auf eine Sprache zu reduzieren. Und das bedeutet wiederum, mit einer gewissen Demut verschiedene Sprachen zu erlernen und zu erproben – was das Gegenteil von Bequemlichkeit ist.

Ein Aspekte ist mir dabei besonders wichtig: Das Verhältnis von Stimme und Übersetzung. In der Stimme manifestieren sich Haltung und Charakter des*der Autor*in, die prägend für die jeweilige Übersetzung ist. Ich möchte versuchen, mit einem Beispiel aus der Musik zu verdeutlichen, was ich meine: Das Repertoire der renommiertesten Jazzmusiker – wie zum Beispiel John Zorn – reicht oft von Standards über Film- bis hin zu Experimentalmusik. Sie üben diese künstlerische Bandbreite in unterschiedlichen Bands aus und werden für ihre Mehrsprachigkeit gefeiert – allerdings: Es wird erwartet, dass in der Vielfalt des musikalischen Ausdrucks ihre Stimme zu erkennen ist. Dabei geht es aber nicht um Eitelkeit, sondern um ein Offenlegen von Haltung. Was mich daran immer beeindruckt hat, ist die Vielfalt und Durchlässigkeit des ästhetischen Ausdrucks. Und das ist ein entscheidender Unterschied zum Konzept *Stil* oder *Brand*, das mir meistens wie ein verengtes, monologisches und immer gleiches Reagieren auf die Umwelt vorkommt.

Sicherlich formuliere ich hier einen hohen Anspruch, aber als Lehrender an einer Kunsthochschule kann ich davon ausgehen, dass unsere Studierenden weniger am Mainstream interessiert sind als an Alternativen dazu. Außerdem sage ich bei Studienberatungen oft etwas provokativ: Wer Porsche fahren und mit sexy Models Fotoshootings machen will, ist hier an der falschen Adresse. Wer aber in den Himmel kommen will, ist hier unter Umständen richtig.

AD: (lacht) Dann weiß ich ja Bescheid.

IO: Das kommt natürlich nicht von mir, sondern von Herrn Wagenbach, der in einem Interview mal gefragt wurde, warum er sich die Mühe macht, anspruchsvolle aber pekuniär wenig gewinnträchtige Texte zu verlegen. Seine lakonische Erwiderung darauf war, dass er vielleicht nicht reich würde, aber dafür in den Himmel komme.

AD: Ja gut, ich werde mir das auch gleich groß an die Wand schreiben. Das hat was Motivierendes. Aber auch wenn ich nur einen verschrabbelten Golf fahren will, brauche ich die Aufträge.

IO: Diese Aussage stellt die Dinge natürlich überspitzt dar. Denn ich denke nicht, dass es nur die Alternativen Gewinn-Maximierung und In-Eleganz-Sterben gibt. Ich ermutige meine Studierenden das zu tun, was auch ich versuche: nämlich gemeinsam mit meinen Auftraggeber*innen eine Haltung zu entwickeln, die überzeugt. Dass das nicht immer gelingt und ich manchmal Dinge abliefern muss, mit denen ich nicht glücklich bin, gehört einfach zu einem demokratischen Verständnis unseres Fachs. Und außerdem gehört es zum Erwachsen-Sein, mit Enttäuschungen umgehen zu können, ohne gleich den Glauben zu verlieren. Darum ist auch nicht Herkules mein Held, sondern Sisyphos: Ohne das Absurde zu akzeptieren, wird es schwer, in unserer Welt bei Verstand zu bleiben.

Dabei helfen würde, wenn ein kritischer Diskurs im Grafikdesign tatsächlich geführt und öffentlich gemacht würde. Leider findet das aber weder in Feuilletons noch bei Grafikdesign-Wettbewerben statt. Bei Letzteren erschöpft sich das Bemühen leider meist in der Frage *Spieglein, Spieglein an der Wand ...?*. Und auf der Mehr-

2017 feierte die Hochschule für bildende Künste Hamburg ihr 250-jähriges Bestehen.

Ingo Offermanns gestaltete das Werk über das Schaffen des Künstlers James Bishop.

Begleitend zur Ausstellung »Politics of Design« erschien eine Publikation gleichen Titels, gestaltet von Ingo Offermanns.

zahl der Grafikdesign-Symposien wird man mit Ego-Shows (also Portfolio-Präsentationen) beschallt, bei denen es nicht um Inhalte, Befragung oder Kritik geht, sondern um Machtbehauptungen innerhalb unseres Berufsfeldes mit Hilfe ausgefeilter Inszenierungstechniken. Wir haben es darum in meinen Augen mit einem strukturellen Problem zu tun.

Gäbe es in der Welt des Grafikdesigns aber Preise wie zum Beispiel den Pritzker-Preis in der Architektur, in dem gesellschaftliche Diskurse mit denen der Architektur abgeglichen, prämiert und öffentlich gemacht werden, würden Auftraggeber*innen vielleicht hellhöriger für alternative Haltungen im Grafikdesign.

AD: Da ist tatsächlich noch viel Aufklärungsarbeit durch die breiten Medien zu leisten. Auch darüber, was Gestaltung mit uns macht.

IO: Die Diskursimpulse hierzu müssen natürlich mindestens so stark von Grafiker*innen kommen wie von Wissenschaftler*innen, weil wir einerseits nun mal kein instinktgesteuertes Zoogetier sind, und andererseits die Reflexion des Fliegens nicht (ausschließlich) den Ornithologen überlassen werden sollte.

AD: Wie machen Sie das, Ihre Kunden zu überzeugen, mal einen anderen Weg zu gehen? Sie sind ja nicht nur Professor, sondern auch als Gestalter tätig.

IO: Drei Dinge sind dazu wichtig: der direkte Draht zu den Entscheider*innen, Zeit und Vertrauen. Ich habe das Glück, fast nur mit Stammkund*innen zusammenarbeiten zu dürfen, mit denen ich über Jahre hinweg einen vertrauensvollen Dialog aufbauen konnte. Die meisten dieser Auftraggeber*innen sind Museen oder Galerien, die mit kleinen Teams arbeiten. Auf diese Weise konnten Haltungen zueinanderfinden und miteinander wachsen. Dass so etwas nicht immer ohne Konflikte funktioniert, ist selbstverständlich, aber auch Konfliktmanagement kann man ja als Gestaltungsaufgabe verstehen.

AD: Was ist besonders schön daran, Professor zu sein und was ist an der Auftragsarbeit die Herausforderung? Machen Sie beides gleich gern?

IO: Auf jeden Fall. Wobei die Grundlage für Lehre und Forschung meine gestalterische Arbeit ist. Ohne sie gäbe es keine Impulse für die beiden anderen Bereiche. Außerdem fände ich es vermessen, mich vor Studierende zu stellen, ihnen irgendwelche Spielregeln zu erklären, ohne selber im Spiel zu sein.

Aber da mich das Befragen meines Tuns immer ebenso sehr interessiert hat wie das Tun selber, ist Lehre eine dankbare Tätigkeit, denn Studierende bringen Erfahrungen und Kontexte in den Dialog ein, die Selbstverständlichkeiten ins Wanken bringen. Verstärkt wird diese Erschütterung durch die internationale Zusammensetzung der Klasse. Neben deutschen Studierenden sind in meiner Klasse auch Studierende aus zum Beispiel Afghanistan, China, Hongkong, Israel, Korea, Nigeria, Polen oder der Türkei vertreten. Diesen Clash of Cultures machen wir uns zunutze, um eurozentristische beziehungsweise kontextuelle Blockaden zu überwinden und uns an einem transkulturellen Dialog zu versuchen. Was wiederum zwangsläufig zu Forschung führt, weil wir in diesem Bestreben für alle (mich ausdrücklich mit eingeschlossen) unerprobte Wege beschreiten müssen.

Dieser Laborcharakter der Lehre wird möglich gemacht durch das spezielle System der deutschen Kunsthochschulen, das weniger an Curricula als am freien Austausch von Erfahrungen interessiert ist.

AD: Das perfekte Leben.

IO: Es ist nach meinem Dafürhalten in der Tat der beste Job der Welt. Darum sage ich meinen Studierenden auch immer: Versucht Professor*innen an deutschen Kunsthochschulen zu werden!

TEXT Chris Campe

Was macht eigentlich … ?

Vor zehn Jahren bin ich 1.547 Kilometer mit dem Fahrrad durch Hamburg gefahren, habe Fotos von über 1.000 Ladenschildern und Fassadenschriften gemacht und die 220 bemerkenswertesten in dem Buch »Hamburg Alphabet« veröffentlicht. Die Schriftzüge im Buch zeichnen ein Porträt der Stadt. Doch wie jedes Porträt ist das »Hamburg Alphabet« eine Momentaufnahme. Und weil mehr und mehr alte Schilder aus dem Stadtbild verschwinden, wird das Buch als Verzeichnis typografischer Formen und Archiv schnell schwindender Orte immer wertvoller. Fast zehn Jahre nach seinem Erscheinen habe ich mich deshalb gefragt »Was macht eigentlich … ?« und einige der Schilder noch einmal fotografiert.

Chris Campe ist Kommunikationsdesignerin. Sie hat in Hamburg und Paris Design studiert und Kulturwissenschaften in Chicago. Zusammengefasst heißt das: Sie kann denken, schreiben und gestalten. Seit 2014 betreibt sie in Hamburg ihr Büro *All Things Letters* und ist auf Lettering, Typografie und alles mit Buchstaben spezialisiert. Sie ist Autorin von zahlreichen Büchern wie *Praxisbuch Brush Lettering*, *Handbuch Handlettering*, *TollerOrt* u. a.

Als die ***Jungborn-Apotheke*** im Schanzenviertel schloss, hat die Stern-Apotheke aus der Nachbarschaft die Räume übernommen und das alte Neonschild sorgsam adaptiert.

Im Flachbau des ***China-Restaurants Mandarin*** am Anfang der Reeperbahn befand sich auch der Mojo-Club. Heute steht dort Stararchitektur: die *Tanzenden Türme*. Der Mojo-Club hat in deren Keller wieder aufgemacht, doch das China-Restaurant Mandarin wurde vom Clouds ersetzt, dem *höchsten Restaurant Hamburgs*.

Der wäscheblaue Leuchtkasten hing noch, als es die ***Zentralwäscherei Frauenlob*** schon seit Jahren nicht mehr gab. Inzwischen ist der Flachbau bei den denkmalgeschützten Grindelhochhäusern zur Kindertagesstätte umgebaut und nur der Schornstein der Wäscherei mit dem handgemalten Schriftzug ragt noch aus dem Dachgarten der Kita.

Die ***Fischspezialitäten*** an der Osterstraße leuchten heute nicht mehr in alarmierendem Rot, sondern in frischem Türkis – sonst ist alles beim Alten.

Die Fassade der ***Ross-Schlachterei*** in der Wandsbeker Marktstraße wurde modernisiert, das Schild neu gestrichen und wieder aufgehängt - das *i* ist kaputt geblieben.

Manchmal ist eine Beschriftung so sehr mit ihrem Ort verbunden, dass sie auch dem nachfolgenden Geschäft noch den Namen gibt. Der Inhaber des Cafés ***Milch*** in der Ditmar-Koel-Straße hat nicht nur die Räume eines Milch- und Feinkost-Geschäfts übernommen, sondern auch das schöne Schild.

Das ***St. Pauli Eck*** hat die dreidimensionalen Buchstaben seines alten Schilds durch einen gedruckten Schriftzug auf zwei Leuchtkästen mit Bierwerbung ersetzt. 2010 waren Scheiben und Schild noch sauber, heute sind sie von Stickern übersät. Weil es viel billiger geworden ist, welche drucken zu lassen? Oder liegt es am Schild?

BUCHTIPP!

Chris Campe | Hamburg Alphabet | Hamburger Ladenschilder von A bis Z
ISBN: 978-3-88506-035-2 | 152 Seiten | gebunden, 17,5 cm × 12,5 cm
Junius Verlag | € 14,90

Hamburg ohne die Fotos von Günter Zint ist beinahe undenkbar. Und eigentlich auch Deutschland, denn: Günter Zint ist das visuelle Gedächtnis von Generationen deutscher Geschichte, die er mit seiner Kamera dokumentierte. Darunter sind Bilder von Hamburgs berühmtester Prostituierten Domenica genauso wie von Günter Wallraffs spektakulären Undercover-Recherchen, APO- und Anti-AKW-Protesten in Brokdorf, von Jimi Hendrix und den Beatles, hautnah und so persönlich wie sie sonst kaum einer festhalten durfte. Zwischen Politik und Populärem war auch immer Platz für etwas Erotik und vor allem: viel Hamburger Lokalkolorit.

ZINT STOFF!

Auf der Reeperbahn nachts ohne Blitz – Günter Zint und das PANFOTO-Bildarchiv

TEXT Nadine Beck

Hoch oben über den Räumen des Sankt Pauli Museums nahe der berüchtigten Herbertstraße sitzt ein einzigartiger Schatz, dem man seinen Wert nicht sofort ansieht. Er ist verschwindend klein, birgt aber unzählige Welten und das trotz seiner Zweidimensionalität: Das *PANFOTO*-Bildarchiv. Durch seinen Computer ist der in Fulda geborene Fotograf Günter Zint Herrscher über sechs Millionen digitalisierte Fotos, die sich nicht nur aus seinem eigenen Werk, sondern auch aus den Nachlässen verschiedener Kollegen speist. Darunter so bedeutende Archive wie die der Bildreporter und Fotografen-Ikonen Gerd Mingram (genannt *GERMIN*), Joseph Schorer (Reichspropagandaministerium), Erich Andres (der *Mann mit der Leiter*) oder Hans Hartz, die in ihrer Arbeit alle auch einen Bezug zu Hamburg besaßen. Das *PANFOTO*-Archiv existiert seit 1962 und wurde von Günter Zint zunächst als Musik- und Subkulturarchiv betrieben, bevor die politischen Jugendbewegungen (APO-Umwelt-Anti-AKW-Bewegung-Subkultur) dazukamen. Heute wird es von Günter Zint persönlich als Fotoagentur und *Sozialdokumentarisches Bildarchiv* betrieben, die Bestände werden von einer Handvoll Mitarbeiter*innen stetig weiter digitalisiert und somit zugänglich gemacht. Seitdem ist es eine rekordverdächtige Fundgrube für die Bebilderung zahlloser Medienproduktionen: Alle Bücher von Günter Wallraff wurden von *PANFOTO* illustriert, für mehr als tausend Bücher Fotos als Illustrationen geliefert, viele Film- und Fernsehproduktionen und auch die alternative Presse wie *TAZ, AK,* Bürgerinitiativ- und Umweltpublikationen nutzten häufig das Archiv. Wer etwas über alternative Szenen, Politik, Musik und Subkulturen oder über Hamburg und speziell St. Pauli wissen will, kommt am *PANFOTO*-Archiv nicht vorbei. Teile des Bestandes werden demnächst auch bei der Deutschen Fotothek (www.deutschefotothek.de) zu finden sein. Günter Zint zeichnet zudem alleine für 85 Bücher als Autor oder Herausgeber verantwortlich. Ausstellungen zu verschiedenen Thematiken mit seinen Bildern wandern durch die Republik. Dass natürlich in 60 Jahren Schaffenszeit eine Menge zusammenkommt, ist nicht verwunderlich. Ganz wie Peter Pan, der niemals alt werden wollte, bleibt auch Günter Zint und sein Auge mit seinen 78 Jahren immer jung und ständig in Bewegung. Als wir den umtriebigen Mann in seinem gekachelten Büro – eine ehemalige McDonald's-Fertigungsküche über den Räumen des von ihm gegründeten Sankt Pauli Museums – besuchen, hat er gerade eine reich bebilderte Broschüre über John Lennon in den Händen, die noch wie frisch gedruckt riecht und bestimmt die Herzen der Beatles-Fans höher schlagen lässt. Überall stapeln sich Objekte, Bilder, Bücher und hängen Fotos, so wie Aufnahmen seines jüngst verstorbenen Freundes Tomi Ungerer, der sich als unbedarft wirkender Jüngling auf einem Bett zusammen mit Domenica drapiert. Alleine die Anekdoten, die Zint aus seiner Zeit mit den Beatles und diversen Rockstars, Prostituierten und Kiezgrößen damals in Hamburg erzählen kann, würden Bücher füllen. So wie die Geschichte über die Haarlocken von John Lennon, die Günter Zint bei einem Filmdreh aufsammelte und mit der Schere des Maskenbildners über ein Preisausschreiben der *BRAVO* in einen BMW V8 Super umsetzen konnte. Oder Jimi Hendrix, der es in Günter Zints Studio allemal heimeliger fand als in seinem schrammeligen Hotel auf St. Pauli und kurzerhand bei ihm einzog. Niemand zeigt den Kiez mit so viel Humor, Wärme und dem Gefühl, mittendrin und nah dabei zu sein, wenn die Sexarbeiterinnen ihre Freier bezirzen oder sich zu Hause von den Strapazen erholen. Aus dieser Nähe zum Kiez ist auch das Sankt Pauli Museum entstanden, das die bewegte Geschichte des Hamburger Stadtteils mit Zints Bildern und vielen Exponaten (Eierbecher von Domenica) so lebendig erzählt, dass es nicht ohne Grund eines der beliebtesten Museen in Hamburg ist. Auch heute ist er als Chronist des Alltags immer auf Standby, falls ihm ein schönes Motiv vor die Linse kommt. Demnächst erscheint mit *ZINTSTOFF 2* der Nachfolger des Klassikers *ZINTSTOFF* – 50 Jahre Deutsche Geschichte mit seinen Fotografien. Zeit, um auf das Leben des *Gebrauchsfotografen*, wie er sich gerne selber bezeichnet, zu schauen.

Nadine Beck: **1959 hast du ein Volontariat bei der dpa Deutschen Presse-Agentur in Frankfurt am Main begonnen, wo du zum Bildjournalisten und Redakteur ausgebildet wurdest. Was hat dich zur Fotografie getrieben?**

Günter Zint: Ich habe immer schon mit den Kameras meines Vaters spielen wollen. Da er das gar nicht mochte, hat er mir 1953 eine *Agfa Isola* geschenkt. Gleich vom ersten Film konnte ich ein Foto für 5,00 DM verkaufen.

NB: **Welchen Fotografen/welche Fotografin bewunderst du? Wer waren deine Vorbilder?**

GZ: Ich hatte keine Vorbilder. Erst später habe ich mich für andere Fotograf(inn)en interessiert. Mein Lieblingsfotograf ist Hinrich Schultze. Ein stilles Genie.

NB: **Du bezeichnest dich selber als »Gebrauchsfotografen« – warum?**

GZ: Das ist genau wie bei den Grafikern. Der eine macht Grafiken als Kunst, der Andere

Nach wie vor und gerade wieder sehr aktuell: Momentaufnahmen der Umwelt- und Protestkultur.

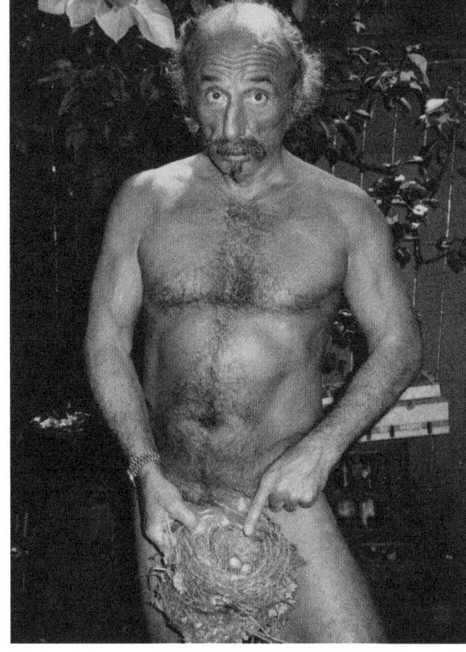

Die Kiezgröße Rene Durand, hier privat und als passionierter FKK-Anhänger, betrieb zehn Lokale auf St. Pauli. Unter anderem das berühmte SALAMBO in der Großen Freiheit, das dann in den 1970ern in die Räumlichkeiten des ehemaligen Star-Clubs zog.

Domenica

»Ich bin kein Träumer.«

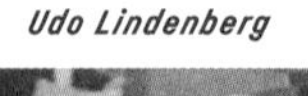

Udo Lindenberg

Jimi Hendrix

»Meine Fotos sollen gebraucht werden und aufklären.«

macht Werbung und Briefbögen. Mit der Kunst hab ich wenig zu tun. Meine Fotos sollen gebraucht werden und aufklären.

Beatles

NB: **Welches ist deine Lieblingskamera?**

GZ: Das ändert sich durch die Technik dauernd. Die letzten zehn Jahre habe ich nur mit *LUMIX* fotografiert. Seit zwei Monaten habe ich das *HUAWEI P30 Pro*. Das ist ein wahres Wunderding. Nachts auf St. Pauli fotografiere ich nur noch ohne Blitz.

NB: **Und was fotografierst du am liebsten?**

GZ: Menschen, die sich nicht beobachtet fühlen. Ich bin bekennender Bilderdieb, der seine Motive am Wegesrand klaut. Außerdem mache ich gerne Reportagen und Aktfotos.

NB: **Warum sind dir in deiner Arbeit besonders die Themen Umwelt, Soziales und vor allem der Kiez (für Nicht-Hamburger: Der Bereich Reeperbahn samt Nebenstraßen auf St. Pauli) so wichtig geworden? Was zog dich daran an?**

GZ: Auf St. Pauli wohne ich seit 60 Jahren. Da liegen die sozialen Themen auf der Straße, die nur von den Touristen übersehen werden. Ich habe fünf tolle Kinder auf St. Pauli großgezogen und die Umwelt liegt mir am Herzen, da ich vier Enkel (bisher) habe.

Berta & Modell

NB: **Träumst du von einem Motiv, das du schon immer mal umsetzen wolltest? Wenn ja, welches?**

GZ: Ich bin kein Träumer. Die Themenschwerpunkte ändern sich dauernd. Im Moment mache ich ein Projekt *Die letzten Urwälder Norddeutschlands*.

NB: **Ein Blick in die Zukunft: Welche Projekte und Fotosessions stehen noch an? Was sind deine aktuellen Projekte?**

GZ: *Die letzten Urwälder Norddeutschlands* und Aktfotografie - auch mit Ex-Models die nun über 70 Jahre alt sind.

NB: **Was inspiriert dich besonders?**

GZ: Alles, was nicht normal ist. Ich sammle Verrückte.

INTERVIEW Laura Bachmann & Charlotte Diedrich

»Von der Buchhaltung über Projektsteuerung, vom Entwurf bis zur Druckmaschine« – **ONLYFORTOMORROW über Ideen aus der Schublade, Wasted Years und grenzenlose Naivität.**

Tim und Tom - die Namen der beiden Gründer von *ONLYFORTOMORROW* scheinen Schicksal zu sein. Im Gespräch mit ihnen vermitteln sie die perfekte Symbiose. Sie wiederholen sich nicht oder beenden die Sätze des anderen, sondern ergänzen sich in ihren Aussagen. Schnell wird klar: Die zwei sind ein spannendes Team und sich gegenseitig eine Quelle nicht endender Inspiration. Tim und Tom leben ihren Traum: Als Designer haben sie sich vor über 15 Jahren selbstständig gemacht. Spezialisiert auf Corporate Design und Markenentwicklung ist es ihre Kernkompetenz und zeitgleich eine große Herausforderung im Arbeitsalltag, eng und direkt mit den Kunden zusammenzuarbeiten:

LAURA BACHMANN: **Wie kam es dazu, dass ihr die Agentur gegründet habt? Wie habt ihr euch kennengelernt?**

Tom Schneider: Also ich starte jetzt einfach mal. Kennengelernt haben wir uns während der Studienzeit, eigentlich gleich zum ersten Semester hin. Anfang 2000 waren wir die ersten Sitznachbarn in der Fachhochschule. Und da hat man sich schon ein bisschen beschnuppert.

LB: **Hier in Hamburg?**

TS: Ganz genau, in der Design Factory Hamburg. In der Kastanienallee, damals hinter dieser berühmten Esso-Tankstelle auf dem Kiez gelegen, unsere Mensa sozusagen. Wir haben dann beide die Chance bekommen, ein Auslandssemester in China zu machen. Eigentlich waren noch zwei weitere Personen dabei, die aber diese Reise nicht angetreten sind, weil damals das SARS-Virus kursierte. Wir waren gefühlt die Einzigen im Flieger. Und das war dann doch eine sehr interessante Zeit. Auch insbesondere zum Thema Typo, weil diese Schriftzeichen, die kein Mensch - oder zumindest wir - nicht lesen können, sehr imposant waren. Danach haben wir zu viert, also mit den beiden, die nicht mitgeflogen sind, die Möglichkeit bekommen, den Abschluss gemeinsam zu machen und so ist dieses Thema entstanden. Zunächst hießen wir ONLYFORTHEFUTURE.

Tim Neugebauer: Wir haben eine Sondergenehmigung bekommen. Einen Abschluss zu viert gab es vorher noch nie in der Design Factory. Dementsprechend hoch waren natürlich auch die Erwartungen.

NORD COAST

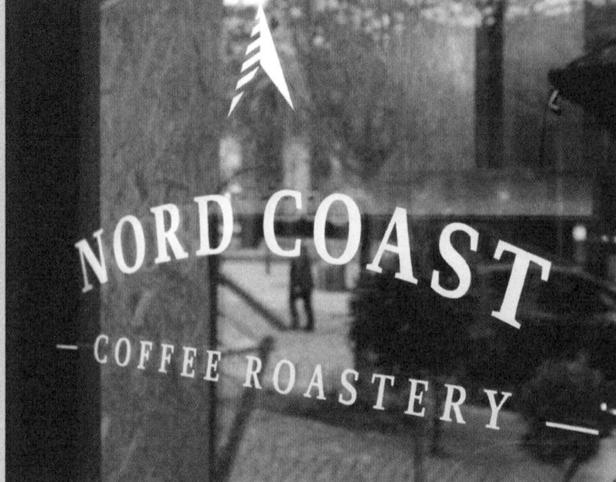

Kaffee mit Charakter – eine Haltung, mit der die Kaffeerösterei NORD COAST aus Hamburg ihren Kaffee leidenschaftlich zubereitet. In Zusammenarbeit mit PHOUND DESIGN hat ONLYFORTOMORROW ein ganzheitliches Corporate Design geschaffen und dieses in sämtlichen Printmedien, bei der Verpackung und im Raum umgesetzt.

TS: Und vor drei Jahren waren wir gezwungen, eine Anpassung vorzunehmen, weil wir uns getrennt haben.
TN: Wir beide haben weitergemacht und wollten den Namen weitertragen, mussten aber einen neuen finden. Da hatte ich, Gott sei Dank, schon vor fünf, sechs Jahren mal beim Spaziergang über eine Aue in Hessen tatsächlich die Eingebung, dass ich mir einfach den Namen *ONLYFORTOMORROW* sichere. Der lag einfach so in der Schublade, ich habe Tom noch nicht mal davon erzählt. Und dann, als es so weit war, meinte ich: *Tom, ein wichtiger Anruf jetzt gerade, wir müssen alles ändern. Du hast eigentlich gar keine Wahl, ja oder nein, ich habe nämlich alles schon vorbereitet.* Und er so: *Super, fehlt nur noch die Marke.* Und dann haben wir innerhalb einer Woche alles umgestellt. War eine schöne, sehr kreative Woche. Auch wenn man unter Druck die eigenen Sachen machen muss, weil diese oft extrem unter der Kundenarbeit leiden.
Und der neue Name ist auch ein positiver, lebensbejahender Begriff. Ich selbst stehe nicht so auf Namen, wie beispielsweise Opodo, diese ganzen Fantasiebegriffe. Daher war das eine logische Konsequenz. Jetzt sind wir hauptsächlich zu zweit unterwegs und bilden unsere Teams, wie wir sie brauchen. Wir arbeiten bei Bedarf eng mit befreundeten Grafikern, Fotografen und Programmierern zusammen. Und das ist dann auch ein eingespieltes Team, ohne dass alle zusammen in einem Büro sitzen.
TS: Wir haben in letzter Zeit vermehrt direkten Kundenkontakt gehabt, das war zwar anfangs auch schon so, aber natürlich muss man da auch reinkommen. Da haben wir für kleinere Agenturen gearbeitet, unter anderem für Visual Media und Strich2, sodass man dadurch an tolle Projekte kommt.
TN: Wir haben es beide geschafft, noch nie angestellt gewesen zu sein. Wir haben auch den direkten Weg eingeschlagen, wie auch die Gestalterin aus eurem Typotopografie Kassel. Die hat sich auch sofort selbstständig gemacht. Und dann gab es noch die beiden Frauen, die aus alter Bettwäsche Unterhosen machen und die haben so schön schlau gesagt: *In unserer grenzenlosen Naivität haben wir direkt nach dem Studium gesagt, wir machen uns jetzt selbstständig.* Da musste ich so schmunzeln, denn genauso betrachte ich das auch. Ich habe ja damals auch gesagt, ich will keine Werbung machen und ich habe keine Lust, angestellt zu arbeiten. Das war eine Mischung aus verschiedenen Sachen: Trotz, Angst und Naivität. Ich würde jetzt auch Jüngeren, die mich fragen, meinen Weg nicht empfehlen, ich würde immer erst mal sagen: *Geh in eine Agentur oder einen Verlag oder was dich interessiert. Mach das ein paar Jahre, da siehst du das große Ganze, was auch sehr wichtig ist. Insgesamt kannst du dadurch Jahre abkürzen, wenn man nicht alles selbst macht.* Von der Buchhaltung über Projektsteuerung, vom Entwurf bis zur Druckmaschine betreuen wir ja alles oder sind zumindest in der Lage, alles zu betreuen. Das ist gut, bringt viel Spaß und auch sehr viel Know-how mit sich, aber das ist ein längerer Prozess gewesen.
LB: **Bezogen auf eure Arbeitsweise: Was hat sich seit 2002 am meisten geändert und was macht ihr noch genauso? Welche Vorgehensweisen haben sich bewährt und wovon würdet ihr heute die Finger lassen und niemals wieder so machen?**
TS: Also was man nach wie vor beibehält, ist diese Neugierde. Was uns, glaube ich, auch auszeichnet, ist, dass man immer von Null anfängt, weil wir ein kleines Team sind. Das haben wir uns beibehalten, dem Kunden sehr genau zuzuhören, ihn bis ins Kleinste zu studieren, um ihm dann eine Ideallösung zu schaffen. Und mit Blick auf die Anfänge würden wir beispielsweise nie wieder einen Job annehmen, bei dem im Vorhinein nicht alles geklärt und das Angebot unterschrieben ist. Das hat uns die Erfahrung gelehrt.
TN: Was sich bei uns geändert hat: Am Anfang haben wir ausschließlich freie Projekte gemacht. Da ging es nur um Grafikdesign, um Sachen, die man mochte wie David Carson oder Neasden Control Centre oder grafische Sachen aus der Schweiz, die sehr strenge Typografie mit markanter Grafik gemischt haben. Irgendwann ist man dann auf dem Markt gelandet und dann war das erste, das wir dachten: *Wir latschen zu viert in irgendeine Agentur und kriegen einen geilen Job, in dem wir mit dem, was wir draufhaben, loslegen können.* Die Reaktionen waren dann eher: *Wow, eure Arbeiten sind echt toll, aber wie stellt ihr euch das vor? Das ist absolut nicht finanzierbar. Ihr müsst leider wieder gehen. Also einer von euch könnte mal wiederkommen, wenn wir was haben, aber ansonsten: Ciao.* Das haben wir uns ein paar Mal angehört und dann war irgendwann klar, dass jeder erst einmal seine eigenen Wege gehen muss.
Alles das, was wir auf dem Weg gelernt haben, gießen wir jetzt in Typografie- und Corporate-Design-Projekte, die angewandt sind. Am Ende muss es halt funktionieren. Es macht überhaupt keinen Sinn, wenn ich Typografie und Gestaltung nur zum Selbstzweck einsetze, damit es irgendwie für sich schön aussieht, aber keinerlei relevante Informationen trägt, Sachen lesbar oder verständlich macht und, wie in unserem Fall, den Kunden nicht trifft.
Grafikdesigner und Illustratoren kann man eigentlich in drei Gruppen unterteilen: Die einen haben einen klaren Stil und den kaufe ich bei denen ein, gerade bei Illustratoren ist das oft so, aber auch im Editorial-Design.

»Wow, eure Arbeiten sind echt toll, aber wie stellt ihr euch das vor? Das ist absolut nicht finanzierbar. Ihr müsst leider wieder gehen. Also einer von euch könnte mal wiederkommen, wenn wir was haben, aber ansonsten: Ciao.«

Der zweite Part sind Leute, die modisch sind. Das kann auf höchstem Niveau stattfinden, immer ganz nah am Zahn der Zeit. Die nehmen sofort alles auf, selbst wenn sie es nicht mögen. Wenn man jetzt auf die Design-Strömungen in den letzten Jahren zurückblickt, zeigt sich das. Als wir im Studium waren, haben wir noch das Ende dieser Handmade-Geschichten miterlebt, wie zum Beispiel das Lodown Magazine, das in Berlin publiziert wird, dann kam das Artificial-Design, wenn man es so nennen kann, ein paar Jahre später die neue Romantik, alle haben Wappen mit floralen Elementen gemacht. Das konnte bald auch niemand mehr sehen, dann kamen wieder die 80er-Jahre zurück. Bald wurde das Internet so präsent, dass das Flat-Design immer stärker wurde. Und wir fragen uns immer: Was braucht der Kunde und wie kann ich für den Kunden etwas schaffen, das gleichermaßen lange Bestand hat, das eine gewisse Zeitlosigkeit mitbringt, ohne dass es bieder und konservativ wirkt?

Das ist mitunter der schwierigste Weg, das ist weder der kreative Spaß-Weg, noch der Zeitgeist-Weg. Das ist der Weg, bei dem ich erst mal zuhören muss.

Je mehr Informationen wir vom Kunden bekommen, desto besser können wir arbeiten. Es gibt Kunden, die keine Ahnung haben und einfach sagen *Macht mal*, dann müssen wir sagen, dass das so nicht funktioniert. Wenn wir nichts haben, dann können wir nichts gestalten. Punkt. Dann müssen wir uns wieder trennen. In den letzten ein, zwei Jahren haben wir aber auch viele Kunden dazugewonnen, die eine Bereitschaft, sich beraten zu lassen, mitbringen. Die haben einen Anspruch, selbst wenn sie ihn nicht komplett selbst äußern können, aber sie haben eine Einschätzung.

Charlotte Diedrich: **Was folgt denn nach dem Zuhören?**

TN: Das Zuhören kann bei kleineren Projekten nur ein Treffen sein, bei Kunden, für die wir einen kompletten Corporate-Design-Relaunch machen, kann das über mehrere Monate und mehrere Workshops gehen und ganze Tage füllen. Das kann manchmal auch einfach sein, dass ich sage: *Ich fühle es noch nicht* und Tom dann meint: *Kein Problem, ich fühle das voll*, dann mache ich inzwischen mit einem anderen Projekt weiter und lass ihn erst mal machen. Dann zeigt er mir regelmäßig neue Ideen und ich sage nur ja oder nein. Das kann natürlich auch genau anders herum sein. Es gibt aber auch die Fälle, in denen wir dasitzen und sagen: *Jetzt brauchen wir erst mal einen Gin Tonic*. Da finden wir keinen Zugang und müssen es erst mal brechen. Dann muss man manchmal einfach alles verwerfen und wieder ganz an den Anfang zurückgehen, Zettel und Stift zur Hand nehmen. Das kommt dann auf den Kunden und auf das Gefühl an. Aber das ist auf jeden Fall der zweite Schritt: brainstormen und sammeln. Das ist mit extrem viel Recherche verbunden. Also es kann schon mal sein, dass wir tagelang damit verbringen, zu recherchieren, wie der Kunde am Markt positioniert ist. Wie sieht die Konkurrenz aus? Dann sammeln wir Screenshots, vergleichen die Websites miteinander, die Typografie, die Farbigkeit, die Wirkung der Farbe. Warum ist da genau diese Farbauswahl getroffen, warum ist Blau in diesem Segment stärker vertreten, warum nicht zum Beispiel Orange? Muss es Rot für den Kunden sein? Ist das ein Alleinstellungsmerkmal oder gibt das Marktumfeld den Look vor? All solche Fragen klopfen wir in diesem Prozess ab. Das kann auch lange dauern. Wenn wir dann so weit sind, schlagen wir in einem nächsten Schritt dem Kunden eigentlich schon die ganze Corporate-Welt dezidiert vor. Wie ist die Corporate-Farbe? Wie ist die Farb-Welt? Wie ist die Corporate-Typografie-Welt zu sehen, zu verstehen? Wie sieht die Marke aus? Die Marke ist als allererstes das, wovon wir alles ableiten. Dann weisen wir auch darauf hin, dass es eine Corporate Language geben sollte, das ist jetzt nicht unser Metier, aber das sollte es auch schon beim Floristik Shop um die Ecke geben. Sind wir im Du oder im Sie? Sind wir im Aktiv/Passiv? Sind wir im Informativen oder im Erzählerischen? Darauf weisen wir auch hin. Und im Idealfall geht's im nächsten Schritt bereits an die Umsetzung und die leitet sich, so hat es sich für uns herauskristallisiert, immer von der Marke ab, über die komplette Geschäftsausstattung hin zu den Corporate Tools, wie Website und Werbemittel.

> »Es gibt aber auch die Fälle, in denen wir dasitzen und sagen: ›Jetzt brauchen wir erst mal einen Gin Tonic.«

CD: **Habt ihr denn auch manchmal Kreativ-Blockaden?**

TS: Klar, alles andere wäre gelogen. Es gibt sicherlich Ideen, die man auch mal nicht hat. Ich unterscheide immer zwischen Gefühlsmenschen und Zahlenmenschen: Zahlenmenschen gehen zum Job und können morgens nach einem Kaffee um sechs, sieben, acht anfangen und gehen abends sechzehn-, siebzehn-, achtzehnhundert nach Hause, lassen den Stift fallen und arbeiten am nächsten Tag weiter. Das geht in unserem Job so nicht und das ist mitunter auch mal witzig in der Diskussion mit anderen Menschen, die sich das einfach nicht vorstellen können. Wenn man sagt, man hat nichts geschafft oder man sitzt bis nachts um vier und es wird nicht besser, aber man hat ja auch eine Deadline einzuhalten. Und wenn es mal einfach nicht rollt, dann rollt es mal einfach nicht. Dabei hilft es überhaupt nicht zu sagen: *Dann musst du mal früher aufstehen*. Du musst das eben spüren, wie Tim das bereits gesagt hatte oder eben nicht, und wenn du es nicht spürst, dann wird das zum Problem.

TN: Dann muss man sich das erarbeiten.

TS: Genau, dann muss man etwas ändern, aufbrechen, wie das Wort schon gefallen ist, dass man vielleicht so ans Ziel kommt. Aufgeben mussten wir bis dato noch nie, das sollte man an der Stelle vielleicht auch mal erwähnen.

LB: **Welche Firma, Marke oder Erscheinungsbild würdet ihr denn gerne umkrempeln, wenn ihr es euch aussuchen könntet?**

TN: Ich habe immer gesagt, schon bevor ich angefangen habe zu studieren, ich will einmal in meinem Leben eine Airline machen.

TS: Lufthansa hat ja nun ein neues Erscheinungsbild.

TN: In meinen oder unseren Augen sehr gelungen. Das letzte Mal als ich nach Italien geflogen bin, habe ich die erste Maschine gesehen, das finde ich, ist sehr gut geworden. Auf dem Niveau eine Airline zu machen, das wäre schon großartig. Ich weiß nicht warum, aber dieser Traum hat mich nie losgelassen.

TS: Ich würde vielleicht ein bisschen kleiner greifen, ich war mal im Nizza-Urlaub und da sieht man ganz viele teure Learjets von gut betuchten Menschen, die wohl in Monaco oder dergleichen hausieren. So viele hab ich noch nie auf einem Haufen gesehen. Was mir aufgefallen ist: Die geben so viel Geld für ihre Vögel aus und die Gestaltung mit ihren Initialen ist so schlecht, daneben und lieblos, dass man sich fragt, wie kann das eigentlich sein? Da ist nicht einer darunter, der typografisch geil gestaltet wäre. Da wird irgendeine System-Script-Font genommen, übereinander gelegt und dann sieht das einfach nur noch scheiße aus.

Das Gleiche gilt auch zu oft für Design in Deutschland im Allgemeinen. Hier ist man nicht so Design-affin. Es gibt so viele kleine Unternehmen, die einfach lieblos umgesetzt sind. Wir haben so das Gefühl, dass vor allem Zahlenmenschen diese Notwendigkeit, diesen Umfang gar nicht ergreifen, gar nicht erspüren können, was es eigentlich ausmacht, wenn man ihre Marke richtig positioniert und dass das dann ein Mehrwert ist und insbesondere für ihr Unternehmen ein Mehrwert sein könnte. Insofern sind wir dann immer beruhigt und sagen, in Deutschland ist noch so viel zu tun. Wenn man da andere Länder anschaut, die machen das einfach jetzt schon so toll.

Das Kaufhaus WEGST ist ein traditionelles Familienunternehmen im Herzen von Westerland auf Sylt – in unmittelbarer Nähe zum Strand. Basierend auf Standort und Herkunft haben Tim und Tom für die Neustrukturierung der Marke WEGST ein klares und bodenständiges Corporate Design entwickelt.

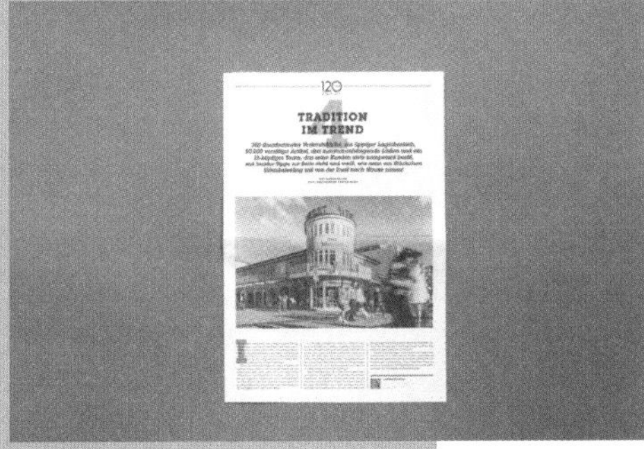

WEGST SYLT

TN: In kleinen Ländern funktioniert das vielleicht auch einfacher, wenn man sich nur mal die skandinavischen Länder rauspickt ...

TS: Sehr Design-affin.

TN: Was so richtig, richtig toll wäre: ein Corporate Design für ein Land. Zum Beispiel Kroatien ruft an und sagt, wir brauchen ein Corporate Design für unser Land.

LB: **Wenn ihr einen Song wählen müsstet, der eure Arbeitsweise und eure Arbeit beschreibt, welcher Song wäre das?**

TN: Iron Maiden - Wasted Years. Weil wir so viel Arbeit investieren und im Verhältnis zu anderen Leuten, die einen Nine-to-five-Job haben, mit Sicherheit nach vielen Jahren mit deutlich weniger auf der finanziellen Seite rausgegangen sind. Wir haben folgenden Fall: Eigentlich ist alles schön und fertig. Papier, Farbkonzept, Typografie steht und dann kommt so der klassische Schneider: *Tim, ich bin gewillt, das alles noch mal umzustoßen, wollen wir nicht noch mal über das Papier nachdenken?* Und ich so: *Oh nein, wir haben doch extra das Papier mit dem Gelbstich genommen, dann müssen wir auch die Farben ändern, weil die wieder anders darauf reagieren.* Also, wir setzen uns sehr viel, was durchaus positiv ist, mit den Sachen auseinander. Aber am Ende, in der Summe reden wir vielleicht von Monaten oder Jahren, die wir weniger draußen sind, wenn die Sonne scheint und Leute sitzen an der Alster und trinken Bier.

CD: **Wie sieht es bei dir aus Tom?**

TS: Also das, was er sagt, stimmt auf jeden Fall. Aber was würde ich denn nehmen ... Ich bin am überlegen, ob es Under Pressure ist.

TN: Under Pressure ist gut.

TS: Von wem war das noch?

TN: Queen? David Bowie?

TS: Stimmt, Queen und David Bowie.

LB: **Ein sehr schönes Lied.**

TN: Wir haben zwei sehr schöne Songs ausgewählt.

CD: **Inwiefern beeinflusst Hamburg und das Lebensgefühl hier eure Arbeit?**

TS: Ich bin ein absolutes Nordlicht, ich komme eigentlich aus Sylt, also noch weiter aus dem Norden und bin schon einige Jahrzehnte hier in Hamburg. Ich muss sagen, dass ich eigentlich überall arbeiten könnte, wenn die Stimmung und das darum herum passend ist. Dennoch bin ich ein großer Fan dieser Stadt. Ich finde, dass das Lebensgefühl, die Lebensqualität in dieser Stadt enorm hoch ist.

LB: **Würdest du sagen, das beeinflusst deine Arbeit?**

TS: Ja, also insofern, dass man sich wohlfühlt. Ich glaube, mit einem Wohlfühl-Charakter arbeitet man auch gut!

TN: Ich würde sagen, Hamburg beeinflusst zumindest meine Arbeit gar nicht. Das was mich beeindruckt, ist grenzenlos. Jetzt hatten wir gerade aus St. Petersburg

Das UNPLEASANT MAGAZINE repräsentiert seit vielen Jahren die Elite der europäischen Trainwriting-Szene. Mit der fünften Ausgabe wird erneut die kreative Energie und Leidenschaft porträtiert, mit der Graffiti auf Zügen entsteht. ONLYFORTOMORROW gestaltet die 180-seitige fünfte Ausgabe.

Beispiele gesehen, die extrem gut waren, und dann kann es das Café in Amsterdam sein oder der Schlachter in Stockholm. Allerdings, was die Atmosphäre angeht: Ich könnte nicht in einer Stadt angewandt kreativ arbeiten, die keine alternative Szene hat. Je cleaner eine Stadt ist und je schöner und sauberer und funktionaler, desto mehr entwickle ich eine Abneigung dagegen und das ist eine Spannung, die ich für die Arbeit überhaupt nicht haben will, weil ich mich - und das ist der gute Faktor von Hamburg - wohlfühlen will. Ich bin ja gebürtiger Hamburger, meine Familie wohnt hier, meine ganzen Freunde sind hier. Ich war mal weg aus Hamburg, als ich zwei Jahre in Berlin gewohnt habe. In München war ich auch zwei Jahre, halb in München, halb hier. Aber unterm Strich bin ich immer wieder zurückgekommen in diese Stadt und ich habe noch nirgendwo auf der Welt einen Platz gefunden, der in Summe besser für mich ist als Hamburg. Angefangen bei der Infrastruktur, wie mit Menschen umgegangen wird, über die Bandbreite, die eine Stadt in sich trägt, von besetzten Häusern und gesellschaftlichem Anti-Dasein bis hin zu den meisten Millionären, die in einer deutschen Stadt wohnen. Das hat Hamburg ja irgendwie alles. Das ist - Gott sei Dank noch - auch eine positive Spannung, die ich wahrnehme. Was das Geschäftliche angeht, gibt es diesen Begriff des hanseatischen Kaufmanns, bei dem eine Abmachung per Handschlag gilt. Kaufmänner im Norden machen den Handschlag. Das ist etwas, das wir ein bisschen mitgenommen haben, die Naivität muss man natürlich irgendwann beiseitelegen und dann braucht man manchmal so was wie einen Vertrag oder unterschriebene Dokumente. Aber das mag ich schon noch so an Hamburg, weil es eine alte Handelsstadt ist. Ich finde, dass man immer noch merkt, dass das auf Leute abfärbt, die auch heute noch ehrbare Kaufmänner sind oder auch wie wir arbeiten, das hat noch einen Wert. Das würde ich als etwas Positives, das Hamburg ausmacht, bewerten.

CD: **Habt ihr in Hamburg eine Kreativ-Oase?**

TN: Über die ganzen Jahre gesehen, ist meine Kreativ-Oase wahrscheinlich das Dreieck zwischen Altona, Sternschanze und Reeperbahn. Am Ende des Tages bin ich oft da gelandet, sei es jetzt zu Konzerten, ein Straßen-Bier trinken oder Leute beobachten. Außerdem wohnen in der Ecke auch viele Freunde. So auch Johnny, unser Meister-Typograf mit seinem Doubletwo Studios.

TS: Als Kreativitätspool habe ich früher immer gerne die Admiralitätstraße gesehen, die mag ich echt gerne, mit Sautter + Lackmann, das ist eine Buchhandlung, da bin ich früher zur Studienzeit unfassbar gerne reingegangen.

TN: Und da hat man dann immer viel zu viel Geld ausgegeben. Man wollte nur ein Buch kaufen. Irgendwas aus dem Gestalten-Verlag und dann ging man doch mit vier Büchern für 200 Euro raus.

TS: Das ist wirklich ein toller Laden. Wenn ihr da reinkommt, da hängen viele Künstler ab. Daniel Richter ist, wenn er in Hamburg ist, viel dort.

TN: In der Admiralitätstraße sind auch mehrere Ausstellungsflächen.

TS: So ganz kleine Galerien.

LB: **Was würdet ihr sagen, was muss man unbedingt sehen?**

TS: Kulinarisch, wer Kuchen mag, muss definitiv nach St. Georg zu Café Gnosa in der Langen Reihe und da den Birne-Rahm-Kuchen essen. Tolles Café, aber man darf sich nicht wundern, wenn man dann genauer auf die Wandgemälde guckt. Also eigentlich müsstet ihr mal durch die Lange Reihe gehen. Da gibt's einiges an Cafés, Bars, aber auch Boutiquen, der ganze Vibe ist da auch echt schön. Da kann man einfach vom Hauptbahnhof runterschlendern.

TN: Es gibt einige solche Straßen, also die Marktstraße ist genauso, in der Schanze, das ist direkt Beim U-Bahnhof Messehallen.

TS: Bei den Messehallen aussteigen und Richtung Feldstraße gehen. Ich würde auch, wenn man nicht aus Hamburg kommt, einmal durch die Sternschanze gehen, Rote Flora, die ganze Ecke. Da hat man schon von allem was. Oder ihr steigt Baumwall aus. Erstens habt ihr genau gegenüber die Elbphilharmonie. Dann lauft ihr auf der neu gebauten Promenade am Wasser entlang Richtung Landungsbrücken und esst da ein Fischbrötchen. Man kann auf einem Ponton sitzen, die Beine baumeln lassen, unter sich die Elbe, vor sich der Hafen und die Docks von Blohm + Voss.

UNPLEASANT MAGAZINE

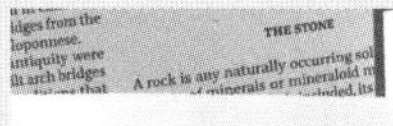

BRIDGE TEXT
—
10 STYLES

Re

BRIDGE HEAD
—
18 STYLES

Re

slan

Su

Das

Trade
100% Arabica
100% Arabica
whole bean

Dans le cadre d'un transport ou d'un déplacement

Dans le cadre d'un transport ou d'un déplacement combiné, les parties terminales des itinéraires empruntés utilisent généralement des dispersés (présence de nombreux véhicules proches du point d'expédition) et relativement lents, alors que les parties médianes

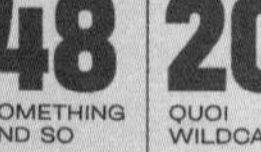

53

48 SOMETHING AND SO

20 QUOI WILDCARD

16 WHATEVER QUE

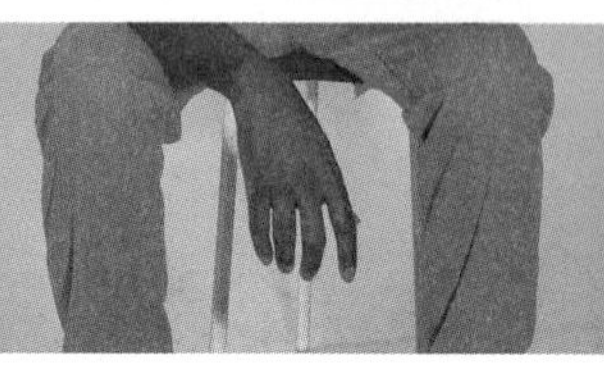

ZEITGEIST

HOROSKOP: SO WIRKT DAS MARSZEICHEN AUF IHRE PERSÖNLICHKEIT UND IHRE BEZIEHUNGEN

Wer sein tägliches Horoskop in einer Astro-App checkt und ganz genau weiß, welcher rückläu-

uper
ted
4
er-
Team

BIZARR
Sister Zina in the front
Everytime I look around
Chevy '69
Charming Tetris
Red-blue lights flash
Choppers in the skyle
Bizarr
80's Sex!

COMFY JEANS: DIESE HOSEN SIND DER LÄSSIG-EDLE DENIM-TREND FÜR DEN HERBST

PERSÖNLICHKEIT UND IHRE BEZIEHUNGEN

BIZARR

Boring
Boring
Bridge

Bridge Text & Head a must-have for expressive, editorial typography • by Mona Franz ☞ ww.typemates.com

BEACH

Für die Gestaltung des Magazins haben uns die TypeMates freundlicherweise ihre aktuellsten Schriften - die *Halvar* und die *Bridge* - zur Verfügung gestellt. Diese beiden Schriftsysteme ergeben ein *Super*-Team, vereinen Sehnsucht und Rohheit und sind extrem variabel einsetzbar.

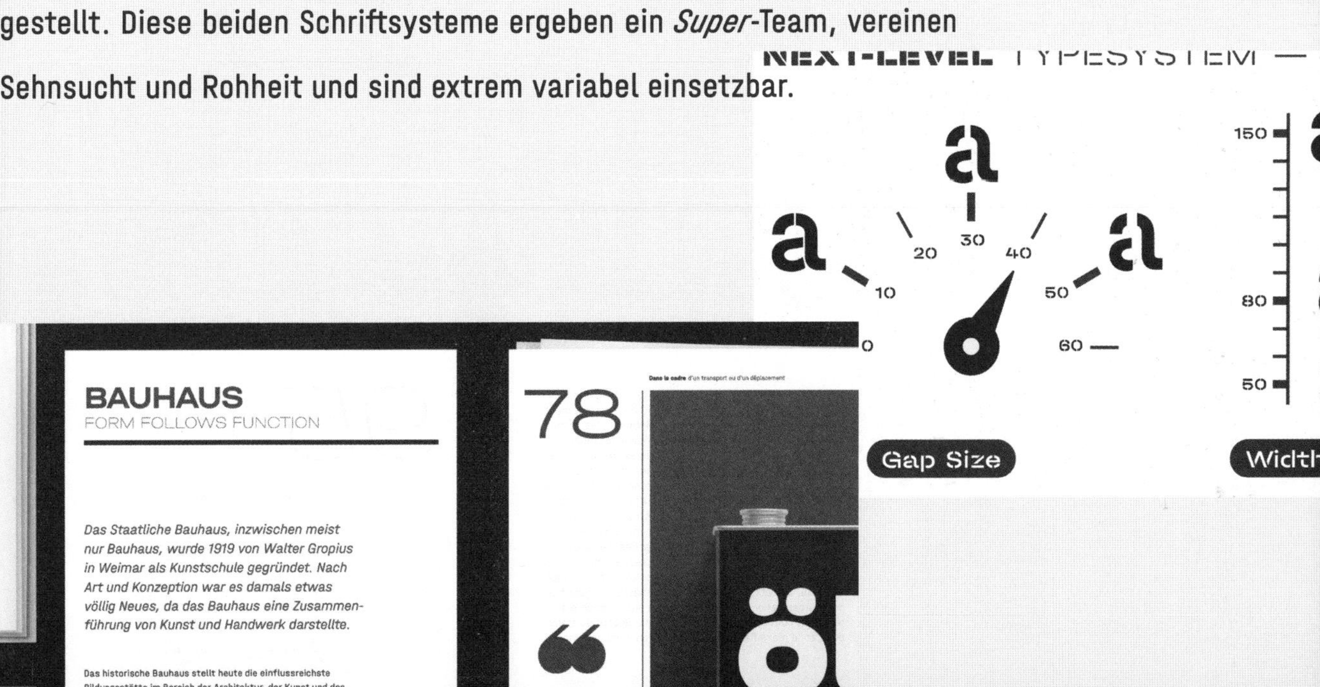

super slant und super system

Halvar: Ein konstruiertes Schriftsystem, das bis in die Extreme reicht.

Halvar ist mit ihren industriellen Proportionen und konstruierten Formen eine pragmatische Grotesk-Schrift mit dem rohen Charme von technischen Zeichnungen. Mit 81 Stilen bietet sie ein weites Spektrum von breit- bis schmal laufend, von Hairline bis Black, von Aufrecht zu Slanted bis hin zu SuperSlanted. In drei Subfamilien strukturiert, mit ausladender Breitschrift, wohl proportionierter Mittelschrift und kompakter Engschrift wird Halvar zu einem Schriftsystem, das sich sowohl in der Anwendung als auch im Erscheinungsbild den Wünschen der Nutzer*innen anpasst. Die Schrift eignet sich daher insbesondere für komplexe wie spezielle Corporate Identity Projekte. Darüber hinaus ist Halvar durch die zusätzliche Schablonenschrift auch auf den analogen Gebrauch vorbereitet.

Halvar ist nicht nur flexibel, sondern auch technisch höchst funktional. Abgesehen von der SuperSlanted, verändert sich die Breite der Wörter dank Duplex-Funktion nie – egal, ob als Light oder Bold, Aufrechte oder Slanted. So ist ein schnelles Wechseln der Schnitte möglich, ohne dass das Layout beeinflusst wird.

Designer der Halvar: Lisa Fischbach, Jakob Runge und Nils Thomsen (2019). Erhältlich über typemates.com

Mit ihrem umfangreichen Zeichensatz unterstützt Halvar mit dem lateinischen, griechischen und kyrillischen Alphabet rund 190 Sprachen – perfekt für globales Branding, das sich über Ländergrenzen hinweg behauptet. Darüber hinaus enthält das umfangreiche Schriftsystem der Halvar neben Tabellenziffern selbstverständlich auch hochgestellte wie Bruchziffern und lokale Alternativen. Halvar ist eine echte Anpassungskünstlerin: Durch den Einsatz von alternativen Zeichen kann zwischen zwei Schriftstilen gewechselt werden. So besteht die Möglichkeit, neben dem normalen Schriftbild auch noch zwischen einem schlichten und einem für die Lesbarkeit in kleinen Texten und Interface-Designs optimierten Zeichen zu wählen.

Mit manuellem TrueType-Hinting und besonderem Augenmerk auf textrelevante Schnitte, einer großen x-Höhe, zeitgemäßen Proportionen und einem robusten Design ist Halvar für die Bildschirmdarstellung optimiert und für typografische Herausforderung von Benutzeroberflächen gerüstet.

Das Type-Universum wird durch eine solide Schablonenschrift ergänzt und steht Superfamilie für Print + Web, Embedding und Serverlizenzen zur Verfügung. Darüber hinaus können alle Stile der Schrift wie gewohnt mit kostenlosen DemoFonts getestet werden.

Life is a BRIDGE

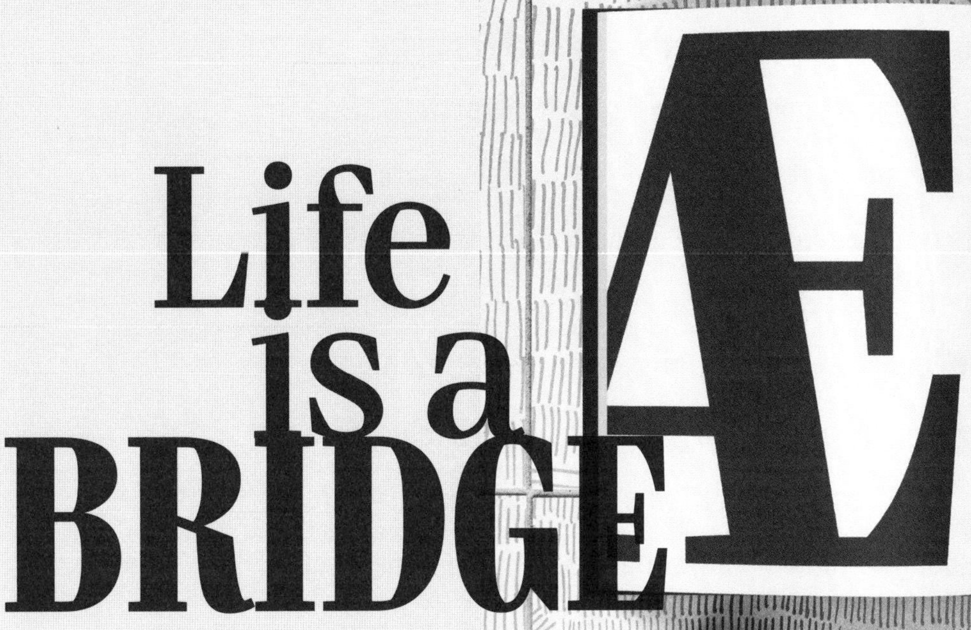

Duo Bridge Text und Head – rockiges Duo für Prosa und komplexes typografisches Editorial oder Corporate Design.

Bridge ist unsere erste Veröffentlichung eines externen TypeMates. Die Schriftsippe besteht aus zwei Familien - Text und Head - für ein angenehmes Leseerlebnis und die passende ausdrucksstarke Überschrift.

Mit drei verschiedenen Breiten und sechs Gewichten trifft Bridge Head die perfekten Stimmlagen für ausdrucksstarke Titel. Neben einer Solokarriere auf Postern, Bannern und Logos trifft Bridge Head auch im Duett den richtigen Ton: Jeder der 18 Schnitte ist auf Bridge Text abgestimmt, um im gemeinsamen Einsatz Geschichten zu schreiben und komplexe typografische Layouts im Editorial und Corporate Design zu kreieren.

Bridge Text ist eine kantige Schrift für Editorial-Design, die Rhythmus und Klarheit in umfangreiche Text-Layouts bringt. Mit angenehmem Charakter, leserlichem Schriftbild und asymmetrischen Punzen moduliert Bridge Text die grafischen Qualitäten der Bridge Head zu einem gut lesbaren Text in kleineren Größen.

Im Gegensatz zu anderen Superfamilien differenzieren sich Bridge Head und Bridge Text nicht nur durch die optische Größe voneinander: Die Buchstaben sind für den Fließtext optisch geöffnet und Details reduzierter gestaltet. In der Nahaufnahme wird die zweifach gebrochene Innenform deutlich, die dem Text den klaren Charakter verleiht - im großen Ganzen betrachtet entsteht eine glatte, ruhige Textur. Als Tochter klassischer Didot-Schriften hat Bridge in ihren Buchstabenformen eine vertikale Betonung und eine moderne Anmutung.

Ein flexibles Schriftsystem, das eine Brücke zwischen Print-Publishing und digitalen Medien schlägt. Mit kühnem K und rebellischem R kann Bridge Head lautstark ein Design entfalten, das intensiv und unverwechselbar ist - frei von Konventionen.

Designerin der Bridge: Mona Franz (2019)

Angetrieben von dem Reiz, neue Horizonte zu erkunden, gestaltete Mona ihre erste Schrift, Franz Sans, als Bachelor-Projekt. Weitere Erfahrung im Umgang mit Schrift sammelte sie durch die Arbeit in Agenturen wie MetaDesign Berlin und Martin et Karczinski. Im Jahr 2018 schloss Mona ihr Masterstudium TypeMedia an der Royal Academy of Art in Den Haag mit der Schrift Bridge ab, die 2019 zusammen mit TypeMates weiterentwickelt und veröffentlicht wurde. Seit ihrer Rückkehr nach München arbeitet Mona als Selbstständige mit den Schwerpunkten Schrift- und Corporate Design. Dabei ist es ihr ein Anliegen, Menschen zu verbinden und Brücken zwischen verschiedenen Designdisziplinen zu nutzen. monafranz.com

Sie stehen für Luxus und Wohlstand: Nicht erst seit *Titanic* schwärmen wir für holzverkleidete Kabinen, cremefarbene Vorhänge und echtes Tafelsilber. Passagierschiffe bilden seit jeher einen eigenen Mikrokosmos, mit finnischer Sauna, Fitnessstudio, Joggingparcours, Golfsimulator, Sportfeld, Theater, Kunstgalerie, Einkaufszentrum, Restaurants, Bars, Diskothek, Lounge und Pool haben sie nicht zuletzt David Foster Wallace begeistert. Stefan Zweig ließ hier weltpolitische Schachzüge stattfinden, Alessandro Baricco erzählte die Legende eines Ozeanpianisten. Ganz verschiedene Geschichten, aber derselbe Ort. Alles spielt auf einem hochglanzpolierten, über Meeresrauschen hinwegfahrenden Riesen. In der Regel waren diese weiß, ein schwarz lackierter Schiffsrumpf war hingegen ein Wohlstandszeichen für die Reederei.

Im typografischen Fahr

TEXT Victoria Steiner

An den Häfen ist es seither bunter geworden. Die großen Luxusdampfer, die seit 1981 auch über die deutschen Fernsehbildschirme gleiten, sind schon lange nicht mehr nur weiß. *AIDA* reist mit einem Kussmund entworfen von Josef Albers. Auf den Schiffen von *TUI* sind Großbuchstaben zu sehen. Farbe ist Luxus und Typografie setzt ein Zeichen. Es sind Lettern, die die Welt bedeuten. Dabei transportiert beides eine ganze Kulturgeschichte. Die Schiffsbemalung geht in der Historie nicht minder weit zurück als die Schiffsverzierung. Sie wurden zur Tarnung verwendet und waren wertvolle Talismane, die vor allem Erdenklichen schützen sollten. Schnitzereien und Farbe brachten die Seemänner sicher zum nächsten Hafen. Denn das Meer war dem Menschen von jeher Sehnsuchtsort und Ungeheuer zugleich. Aus den Untiefen des nassen Blaus kamen Meerjungfrauen, Kraken und der berühmte Moby Dick. Vielleicht mag man nicht mehr an diese Legenden glauben, aber ihre Gestalten sind uns erhalten geblieben: Heute kann man die Meerjungfrauen von Lebo oder die Meeresbewohner von Guy Harvey auf den Bemalungen der Schiffe sehen. Am Hamburger Hafen kommen Schiffe aus aller Welt zusammen. Von monumentalen Containerschiffen über protzige Luxussegler, von agilen Transportschiffen bis hin zu wendigen Touristen-Booten kann man Schiffe aller Art an den Anlegestellen begutachten. Mindestens so divers wie die Funktion der Schiffe ist aber die Gestaltung und Beschriftung auf den stählernen Rümpfen. Manches Mal dienen die großen Flächen als Werbeträger der Firma, ein anderes Mal ziert der Name - gleich der einer Geliebten - den Bug.

Doch um das Bild auf das Schiff zu bringen, ist mehr als ein Mann nötig. Um die Fläche eines Schiffes und damit etwa 2.600 Quadratmeter zu gestalten, werden mindestens 10 Mitarbeiter, 2.000 Liter Farbe, 1.000 Pinsel und Walzen und 4 Monate Zeit benötigt. Eine Software skaliert das Motiv. Dann wird es entweder mittels eines Lasers auf das Schiff projiziert, nachgemalt oder zum Aufzeichnen der Konturen werden einzelne Flächen abgeklebt. Die Entwürfe werden im Maßstab 1:1 auf Papierbahnen gebracht, die anschließend auf den Schiffsrumpf geklebt werden, um die Vorlage dann von hydraulischen Arbeitskörben aus abzupausen und auszumalen. Über 200 Schiffe laufen über das Jahr verteilt im Hamburger Hafen ein. Manche sind noch wie vor 125 Jahren weiß und schwarz bestrichen, aber immer wieder begegnet uns ein aufwendig gestaltetes Schiff, das mit seinen Bildern und Buchstaben von der poetischen Unendlichkeit des Meeres erzählt.

Impressum

TYPOGRAFIE 10: HAMBURG
ERSCHEINUNGSMONAT: OKTOBER 2019
AUFLAGE: 500 STÜCK
ISBN: 978-3-96395-016-2

August Dreesbach Verlag
Gollierstraße 70, Eingang D / 1. OG
80339 München
www.augustdreesbachverlag.de
info@augustdreesbachverlag.de

GESTALTUNG, UMSCHLAG, SATZ UND TYPOGRAFIE
Manuel Kreuzer, mkreuzer.de

SCHRIFTEN
Gesetzt aus der Halvar
entworfen von Lisa Fischbach,
Jakob Runge und Nils Thomsen
und der Bridge,
entworfen von Mona Franz

PAPIER
Gedruckt auf Offset 120 g/qm,
Umschlag 300 g/qm.

GESAMTHERSTELLUNG
Friedrich Pustet GmbH & Co. KG, Regensburg

*AUTOR*INNEN*
Anne Dreesbach
Charlotte Diedrich
Chris Campe
Jasmin Jonietz
Laura Bachmann
Maja Dreyer
Manuel Kreuzer
Nadine Beck
Stefanie Weiß
TypeMates
Victoria Steiner

PROJEKTLEITUNG
Christina Wehrl

BILDNACHWEIS
Manuel Kreuzer: 1-9
SHMH, Museum für Hamburgische Geschichte: 10-13
TwoPoints.Net: 14-21
Stefan Vorbeck: 15 u.
August Dreesbach Verlag: 22-25
Alexander Ertle und Kai Merker: 27
August Dreesbach Verlag: 28
Timo Wilke: 29-31
Gesche-M. Cordes: 32-37
Manuel Kreuzer: 38-41
Alex Heimkind: 42-47
Randy Rocket: 44 o.
Manuel Kreuzer: 44, 46 u., 47 M., 48
Claudia Gerdes: 49
Ingo Offermanns: 52, 56
Norman Posselt: 59
Chris Campe: 60 f.
Cecile Ash: 62
Günter Zint: 62-65
ONLYFORTOMORROW: 66-73
TypeMates: 74-77
Mona Franz: 75
Maria Bayer: 77 u.
Manuel Kreuzer: 78 f.
August Dreesbach Verlag: 78 f.

UNSER HERZLICHER DANK GILT:
Allen Beteiligten und Unterstützer*innen, die ermöglicht haben, dass das Jubiläumsmagazin pünktlich erscheint. Unser ganz besonderer Dank geht an Manuel für die großartige Gestaltung. Außerdem wollen wir uns ganz herzlich bei den Autorinnen Jasmin Jonietz und Nadine Beck bedanken. Herzlichen Dank auch dem Anwalt für Menschenrechte, der Deutschen Bahn, Ben Becker und dem Inventar des Goldenen Handschuhs.

ABONNEMENT
Sie können die Typografie-Hefte, die in unregelmäßigen Abständen erscheinen, auch abonnieren. Bislang sind *München, Düsseldorf, Berlin, Leipzig, Wien, Frankfurt am Main, Shanghai, Augsburg* und *Kassel* erschienen. Eine formlose E-Mail an den Verlag genügt, dann senden wir Ihnen die Hefte versandkostenfrei mit Rechnung zu: bestellung@augustdreesbachverlag.de

Werden Sie Augusts Freund auf Facebook, folgen Sie uns auf Instagram und besuchen Sie unsere Website www.augustdreesbachverlag.de